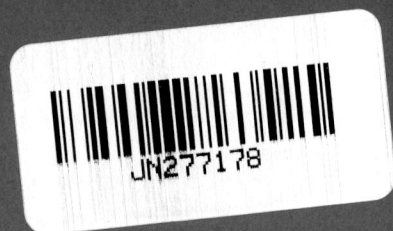

京都てくてく　ちょっと大人の　はんなり散歩

伊藤まさこ

文藝春秋

目次

もしも一日、ぽかりと予定が空いたならば
ささっと荷物をバッグに詰めて
新幹線に飛び乗ります。
行き先は……?
もちろん、京都の街!
ここ数年で、
フットワークの軽さにみがきがかかり、
月に一度の京都通いはあたりまえ。
多い時では二度、三度足を運ぶことだって
めずらしくなくなりました。
滞在日数に比例するかのように、
好きなお店や、気に入りの場所もふえました。
友人知人もふえました。
7カ月の赤ちゃんから、
80を超えた人生の大先輩まで、
これまたそろいもそろった個性派ぞろい。
私なりのオレなりの「マイ京都」があるのです。
浮かれた旅気分の私とはひと味もふた味もちがう
京都人ならではの気に入りを少しずつ教えてもらって、

自分なりに消化して。
何度も通ううちに、
京都の街が少しずつ私にふりむいてくれるように
なったのかしら？　と感じています。
まるで片想いしているみたい。
そう、京都はいつだってあこがれの街なのです。
こぢんまりした街の中には、
お寺や神社はもちろんのこと、
背筋がきゅきゅっと伸びるような料理屋さんもあれば、
ほっとひと息つける昔ながらの喫茶店だってある。
やさしく歌いかけるような京言葉の響きには、
時々イケズも入り交じり……
なんとも塩梅がいいのです。

さあ、これからどこに行こう。
てくてく、はんなり、私の京都散歩。

伊藤まさこ

祇園の小径を着物でのんびりと …… p.180 map ③

言わずと知れた京都の花街、祇園。石畳に黒の千本格子、すだれの下がった京町家が立ち並ぶ祇園新橋や、小川のせせらぎも美しい祇園白川……「京都」と聞くとまず思い浮かべるのはここ祇園、という人も多いのではないかしら？
鴨川から八坂神社まで、四条通をはさんで南北に広がるこの界隈には、お茶屋さんや料亭、バーなどが立ち並び、南座や甲部歌舞練場もあるとあって、着物姿で歩く人も珍しくありません。ときおり、お稽古通いの舞妓さんに遭遇することだってあるのです。
今日は私も祇園の街を着物で散歩。骨董屋さんに町家の古書店、甘味処に中華料理屋さん、四条通の美術館……京都に通いはじめて間もない頃は、祇園のあまりの人の多さに戸惑っていましたが、何度か通ううちに、好きな店や馴染みの店が少しずつふえてきました。着物で歩くとふだんより歩くペースがのんびりだからか、今まで気がつかなかった小径を発見したり、ちょっとひと休みのなごみ場所を見つけたりといいことずくめなんですよ。

何《か》必《ひっ》館《かん》・京都現代美術館

「定説を『何ぞ必ずしも』と疑う、
自由の精神を持ち続けたい」
そんな願いから名づけられた
ここ何必館・京都現代美術館は、
近現代の作品を幅広く展示している美術館です。
一歩中に入るとそこに広がるのは静寂な空間。
街の喧噪を忘れて、ひとりアートと向き合う。
そんな時間の過ごし方もまたいいものです。
上の写真は常に見られる北大路魯山人の作品室。
常設展時には、2階に日本画家・村上華岳、
3階には洋画家の山口薫の作品が並びます。
ほの暗い展示室から5階に上がると
そこにはおだやかな光さし込むお茶室や光庭が。
光の中に身を置き、空間ごと展示を味わいます。

今日の展示は
「青の画家」として
国内外で評価を得ている
上野憲男の
「あさき夢みし 上野憲男展」

魯山人の器に季節の葉が活けられて。
器がいきいきとした表情に。

茶室を背に「光庭」を眺めます。
しっとりした苔の美しいこと！

四条大橋から四条通を
八坂神社に向かって
歩くこと数分。
玄静石の外壁が目印です。

いづ重

奥の席でお吸い物とともに蒸し寿司を。左の写真は甘辛く炊いた麩が巻かれた粟麩巻と、おいなりさん。鯖姿寿司もおすすめ。

車行き交う東大路通に面した
京寿司・いづ重の創業は明治の末年。
初代重吉さんが妻とともに八坂神社の東に店を構えたのが始まりです。
神社の向こう、ここ西楼門前に移ったのは戦後間もなくのこと。
以来60余年、街並みが移り行く中、
この地で変わらぬ味を守ってこられたのだとか。
今日のお目当ては、錦糸卵にエビの
鮮やかな色合いが目にもおいしい、蒸し寿司。
12月から3月限定の冬のごちそうです。
温かい酢飯をフーフー、ハフハフ。
食べ終える頃には体も心もぽかぽかに。
お腹がいっぱいになったら、
八坂神社にお参りに行こうかな。

入り口脇のお持ち帰りコーナーを横目に、
細長い店内を奥へ。

京都の友人たちからも熱い支持を
得ている粟麩巻や鯖姿寿司。
仕事場で食べるんですって。羨ましい！

八坂神社

7月の祇園祭をはじめ、
お正月の風物詩ともなっている元日の白朮《をけら》祭、
中秋の名月に神社境内の舞殿で
行われる祇園社観月祭……
一年を通して様々な催しが行われる八坂神社。
お祭り気分で、人波にもまれながら、
屋台を冷やかしながらの参拝もいいけれど、
ふだんの八坂神社もまたいいものです。
祇園の喧噪を後ろに感じつつ、
参拝がてら広い境内をのんびり散歩。
日だまり感じる平日の午後。
なんとも優雅なひとときです。

南楼門の先には奉納された提灯が並ぶ舞殿、
その奥に本殿が。

本殿横の塀。奥には昔、池があったんですって。

重要文化財にもなっている本殿で神様にご挨拶。

Books & Things

骨董屋が立ち並ぶ縄手通から、
細い路地を20歩ほど奥へ……
すると現れるのがブックス&シングスの小さな看板。
チャイムを鳴らすと、
店主の小嶋康嗣さんが出迎えてくれます。
東京で働いていた小嶋さんが
ここにお店を構えたのは2011年のこと。
京都で何か始めようと考えた時、
まずはじめに思いついたのが、
昔から好きで集めていた本を売ることだったのだとか。
古書店だから町家？　と思いきや、
じつは友人の紹介なのですって。
1920年代から60年代の洋書が
町家にぴったりしっくりおさまって
なんだかいい雰囲気です。

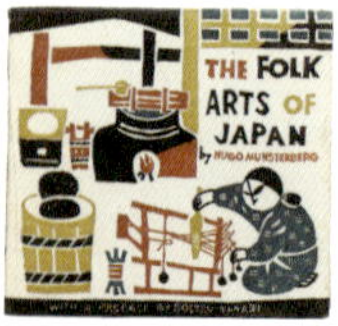

その名の通り、
日本の民芸を紹介した本。
めくっているだけで楽しい。

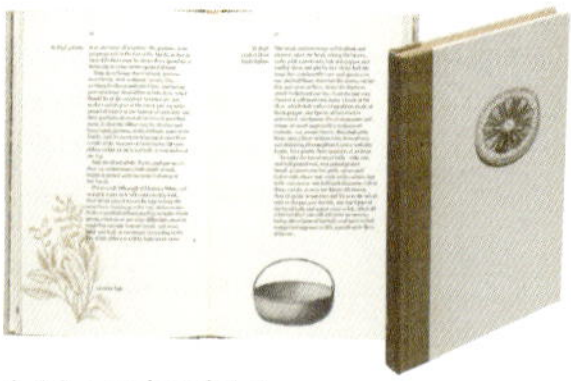

たくさんの本の中から、
今日、選んだのは1960年代に出版された
『AMERICAN COOKERY』。
グラフィックデザイナーの
ブラッドベリー・トンプソンが手がけた、
ギフト用に作った料理の本。小嶋さんも、
とても気に入っている一冊なのだとか。

日本の古書を集めた本棚。
どれもコンディションがよく、
小嶋さんの本に対する
愛が感じられます。

入ってすぐ、
路地に面した小上がりの2畳ほどのスペースは、
テーマを決めて置く本を選ぶのだそう。
この日は「ジョージア・オキーフ」の写真集でした。

1000冊以上ある本の中から、
お気に入りを探すには?
好みを伝えて小嶋さんに
相談するのが一番!
親身になって探してくれます。

この路地の奥にお店が。
縄手通を北に上がって東側。
注意して歩いて。

てっさい堂

古伊万里の器を中心に扱うてっさい堂。
通りから中をのぞいてみると、
20坪ほどのお店の中には器がぎっしり、
ところ狭しと並んでいます。
その様子はいかにも楽しげ。買い物心がそそられます。
中でも豆皿の種類は多種多様。
唐草や小紋、牡丹や菊などの草花、
兎や蝶などの動物に昆虫……
どれも2寸か3寸の手のひらにのるほどの小さな器。
なんてかわいらしいの！
「豆皿はなりは小さなものですが、
その中には大きな世界が広がっています」
そうおっしゃるのは店主の貴《き》道《どう》裕子さん。
京都を訪れた記念に
自分だけのとっておきの一枚を探します。

お店に入るとまずその皿数の多さに圧倒されます。器を手に取る時は、お店の方に声をかけてから。繊細なものなので、ていねいに扱って。

だんだんと目が慣れてきて、
自分の欲しいものが絞り込めてきました。

貴道さんに帯留めの相談に
のっていただきます。
帯留めも小さなものですが、
その存在感は大きい。
吟味しながら選ぶ時間の楽しいこと！

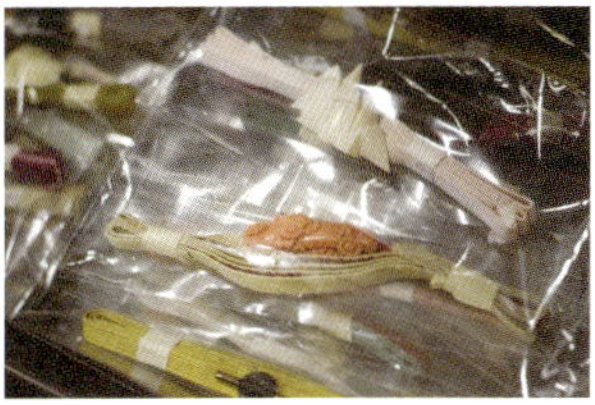

珊瑚に翡翠、象牙など素材もモチーフも様々。

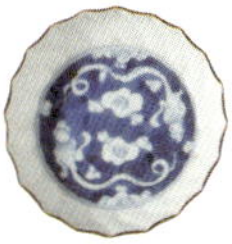

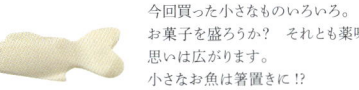

今回買った小さなものいろいろ。
お菓子を盛ろうか？　それとも薬味？
思いは広がります。
小さなお魚は箸置きに!?

「これなんかどうかしら？」
この日の帯に合わせて選んでくださいました！

月ヶ瀬 祇園店

寒天の上に赤エンドウ豆、求肥《ぎゅうひ》に
バナナ、アイスクリーム。
あんこの上にちょこんとさくらんぼをのせ、
仕上げは黒蜜をたっぷりと……。
このクリームあんみつの
見た目のチャーミングなこと！
丹波の糸寒天を使った寒天は
口の中でほろりととろけ、
ふっくら炊かれた赤エンドウ豆や
ほどよい甘さのあんこと相性もばつぐん。
食べ進むうちに
アイスクリームがやんわりと溶け、
これが黒蜜と相まって、
たまらないおいしさ。
ひと口食べれば「あんみつの月ヶ瀬」
と呼ばれる所以が分かります。

こちら、丹波大納言を使って
じっくり炊き上げられた亀山（あんこのおぜんざい）。
夏はかき氷、冬は粟ぜんざいなど、
季節ごとに楽しめる甘味もまた魅力的。

竹《たけ》香《か》

祇園白川の一角にある竹香の中華は
どこかはんなりとしていて、
やさしげなイメージがあります。
「場所柄、芸妓さんや舞妓さん、
ホステスさんなどが多いから、
お客さん相手に匂いが気になったら
あかんなぁと思って」
と言うのは若女将の永田由美子さん。
はんなり中華には祇園ならではの
気づかいがあったのですね。
油控えめ。にんにくやニラなど、
中華料理につきものの香味野菜は
ほとんど使わず、香辛料は胡椒のみ。
一番のお気に入りはフカヒレのスープ。
するり、じんわり。
お腹にやさしく染み渡ります。

「いらっしゃい」
笑顔がすてきな若女将。
てきぱきとお店を
切り盛りする姿が
かっこいい。

エビチリ、シュウマイ、ひき肉のレタス包み……
なにを食べてもおいしい。
店名の竹香は、
芸妓だった永田さんのひいおばあ様の
お名前なのだとか。

いづ重を背にして見た光景がこちら。八坂神社西楼門前の石段下。

八坂神社

五条の新・散歩コース …… p.182 map ⑤

五条通と聞いてまず思い浮かべるのは、陶芸家・河井寛次郎記念館や、五条大橋のほど近くにあるカフェefish、烏丸通との交差点近くのおはぎの今西軒。それぞれ東や西に点在しているのでピンポイントで訪れることの多かった場所ですが、これらの場所のまん中あたりに伊賀の「ギャラリーやまほん」の京都店ができました。これまで点だったところがやまほんを中心に線で結ばれて、お気に入りの五条の散歩コースができたのでした。
やまほんオーナーの山本忠臣さんは、小さな頃から家業の手伝いで、五条の焼きもの問屋に出入りしたり、毎年夏には五条坂で開かれる陶器まつりに出店していたのだそう。河井寛次郎記念館や、「陶器神社」と呼ばれる若宮八幡宮があったりと「五条は焼きものの町」というイメージがあったという山本さん。この物件に出会った時、縁を感じたんですって。
陶器まつりに陶器の神社!?　知らなかった五条の横顔が少しずつ見えてきました。

うつわ 京都 やまほん

五条通に面した古いオフィスビルの3階。
すっきりした空間に、
日本国内の若手作家の作品を中心とした、
焼きもの、ガラス、木工、漆などの
器が並びます。
「器は身近に美を感じられるものの
ひとつ」と、うつわ 京都 やまほんの
山本忠臣さん。
年に6回ほど行われる企画展に加え、
常設の棚も充実させていく予定とか。
あつかう作家は、内田鋼一、岩本忠美、
辻村唯、細川護光など常時40名ほど。
京都にありそうでなかなかなかった
こんなギャラリー。
器好きの新名所になりつつあるみたい。

お盆の上にさりげなく置かれた酒器のセットなど、家での器づかいの参考にしたい展示も見逃せません。福森雅武さんが当主を務める伊賀の土楽窯の土鍋や、オリジナルの白い器も。引き出しの中にも器がずらり。声を掛けて見せてもらいます。

朱の漆が美しい日ノ丸盆は佃眞吾さんの作。白い器はやまほんオリジナル。

大《だい》喜《き》書店

「大喜書店」はおじい様の書店の屋号を継いで。ミナ ペルホネンのテーブルライトの横に置かれたのは、昭和10年頃の書店の写真。

やまほんを出て、すぐお隣。
2013年2月にオープンしたのは
「建築家のための本屋さん」をテーマとした、
本のセレクトショップ・大喜書店。
オーナーの岡田大次郎さんは
建築を専門とする写真家。
奥さまの良子さんは建築家です。
もともと近所に事務所を構えていましたが、
大次郎さんのおじい様の仕事であった
書店をかねてみるのもおもしろいのでは?
とここ、ウエダビルに移転したのだとか。
「建築家のための」と言っても、
建築だけにとどまらず料理や旅など幅広い。
アクセサリーや、
リサラーソンのオブジェなども置かれて
店内はかわいらしい雰囲気に包まれています。

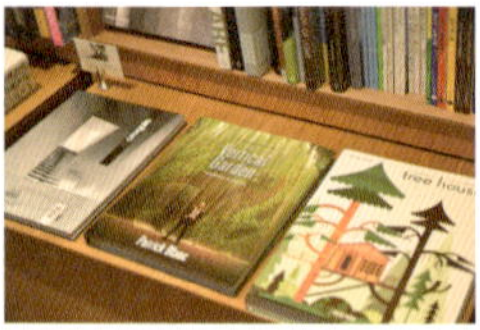

写真集や旅のエッセイ、絵本……作家やテーマごとに、なんとなく分かれている棚。岡田家の本棚をのぞかせてもらっているような気分。

お店の奥は建築事務所になっています。
接客しながら建築の仕事をしたり、打ち合わせをしたり。

春の北欧展の時に並んだオブジェや本。
今後も小さな展覧会を企画中なのだそう。

文庫棚で見つけた
建築家、宮脇檀の
旅のエッセイ。

窓からは
おだやかな光がさし込みます。
ここのリノベーションは
もちろんおふたりが担当。

おすすめポイントが書かれた
手書きのカード。
選び手の思いが伝わります。

五条高倉の南側。レトロな面影を残す築45年の「事務機のウエダビル」。2階から6階はアトリエとなっていて、事務所などが入っています。

若宮八幡宮

ウエダビルから五条通を東へ歩くこと10分ほど。
若宮八幡宮に到着です。
ここは「陶器神社」とも呼ばれ、
毎年8月7日から10日には、
五条坂一帯で陶器まつりが行われるのだとか。
この辺り一帯に400を超える焼きものの店が出店、
みこし巡行などもあり、
40万人もの人出で大にぎわい。
五条坂の夏の風物詩になっているんですって。

五条通をはさんで
ほぼ向かいの道を
入っていくと
「土と炎の詩人」と呼ばれた
陶芸家・河井寛次郎の
記念館が。
中には登り窯もあります。

今西軒

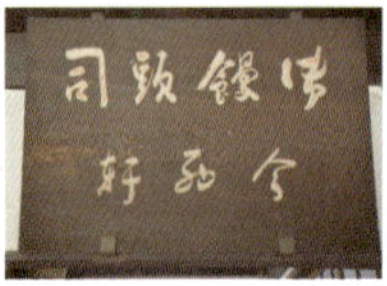

明治30年の創業当時は、かき餅などの餅菓子を
作っていたという今西軒。次第に和菓子へと家業を広げ、
2代目今西浅次郎さんが今の味にするも
1995年に3代目今西末一さんが廃業。
それを、おはぎの店として再開させたのが
4代目、末一さんの孫にあたる正蔵さんです。
家業とは別の仕事をしていた正蔵さんが、おじい様から
あずきの炊き方を一から教わって復活させたのが2002年のこと。
おはぎは、こし、つぶ、きなこの3種類のみという潔さ。
甘さ控えめ、ひと口食べると口の中に
ふわっとおいしさが広がって、しゅっと消える。
「お茶いらず」とはまさにこのこと。
なんとも後味がよいのです。
おはぎひとつ170円。
「庶民の味」と正蔵さんは言いますが、
いえいえその繊細さ上品さは、
上菓子にひけを取らないおいしさだと私は思っています。

こしあんをつつんだ半殺しの柔らかいお餅に
黒胡麻入りの香ばしいきなこをまぶした、きなこ。
手間をかけて作られた雑味のないあんを味わうこしあん、
あずきの香りと味がストレートに味わえるつぶあん。
今西軒のおはぎはお餅の量も少なめなので
一度に3種類ぺろりと食べられる……のですが、
早ければ午前中で売り切れてしまうことも。
3種類手に入ったらとてもラッキーかも？

持ち帰り専門ですが、
お店の隅をお借りして、ぱくっ。
「きなこ、こし、つぶ、
色の薄いものから、どうぞ」と正蔵さん。

ゆであずきは、
鍋の中で火の通りが
均一になるよう小鍋で炊くので、
一度にできる量は
どうしても限られてしまうそう。
「あんてぃーく」の名前の由来は
「餡」だからなのだとか！

「売切れ」の文字が
掲げられることもしばしば。
残念そうな顔をして帰って行く
お客さんの姿もちらほら。

あんこ作りに使うのは、あずきと砂糖、水だけ。
明日の仕込みをしながら、弱火で炊き続け、
ときどき木べらでかき混ぜます。

この釜いっぱいで
約400個分の
あんができます。
上がこし、左がつぶ。

大きなざるに煮たあずきをあけ小鍋ですりおろし、上から水をかけて中身を下の桶に流す。沈殿させたものを適度にさらし、さらに細かい小豆の皮を取りのぞいていくと……きれいな薄紫色のあんができあがるのだそう。左下の写真はこしあんを作ったあとに残ったあずきの皮。

厨房の壁には
使い込まれた
味わいのある道具が
ずらり。

1個分ずつあんこをまとめ、丸めておいたお餅を包んでいきます。写真はこしあん。あずきの皮が残っていると、ざらつくし、あんに粘りが出てしまうのですって。手をかけ皮をこすから「こしあん」、納得です。

あずきの皮の香りや味を活かしたつぶあんは、色合いもやや濃いめ。口に甘さが残ってしまってはおいしくないからと、こしもつぶもあんこは砂糖控えめです。作業はすべて昔ながらの手作りで、毎日できる分だけしか作らないのだそう。

きなこのおはぎ用に小さくまとめたあんこ玉をお餅で包み、さらにきなこをまぶします。2度に分けてしっかりまぶすきなこは、ほんの少し混ぜられた黒胡麻が味のアクセント。奥さまの敬子さんとふたりで全作業をこなします。

ここは京都のカルチェラタン

…… p.182 map ④

百万遍の辺りを歩くと、ここが学生の街だということに否が応でも気づかされます。右を向いても左を向いても学生さんたちが、いる、いる、いる。名門・京都大学はもちろんのこと、京都随一の規模の古書店街にも、リーズナブルなお店にも、学生さんがたくさん！　ああ、この感じどこかに似ている、どこだっけ？

……思い当たったのは、なんと、パリの5区と6区にまたがる学生街、カルチェラタンでした。京大やアンスティチュ・フランセの校舎は、どこかおしゃれですらりとした印象。まわりには学生にやさしいカフェや定食屋さんの多いこと！　それに加え、この辺りの呼び名になっている百萬遍知恩寺や、琢窓院《たくそういん》、了蓮寺などのお寺も点在。「学生」「カフェ」「歴史的な建物」、この3つがカルチェラタンの雰囲気を醸し出しているのかしら？

「学生気分で」……なんておこがましいけれど、今日はちょっとだけ味わわせて。京都のカルチェラタン散歩、はじまりは進々堂の朝ごはんから。

進々堂　京大北門前

向かって左側の入り口がパン店。
パンが並ぶショーケースの台には
詩が彫られている。

詩人でもあった創業者の続木斉さんが
バゲットに傾倒し、
修業のためにパリへ渡ったのが1924年のこと。
パリのカフェで学生たちが
コーヒーを飲みながら討論し、
教室のように使っているのを目にし、
「京大の学生さんたちにも、
喫茶店でこんなふうに過ごしてもらいたい」
その時、そんな想いを持ったのだとか。
帰国後、昭和5年にパン店を始め、
翌年喫茶を増設。以来、80余年、
京大の北門前のこの場所で、
変わらぬ佇まいで
店を続けてきました。

パン店もカフェ部分も、
内装はすべて当時のまま。
ピンクの文字がかわいらしい包み紙も
創業当時から。

パンは対面で
「これと、これをください」と
頼んで包んでもらいます。
昔のままのスタイルが
守られています。

斉さんも設計に関わったというお店は
農家を改装したもの。
天井が高く、店内はとても広いのに、
なぜだか包み込まれているような
安心感があります。
今や店の顔になっている
木漆工芸家・黒田辰秋の手によるテーブルでは
教授を交えてワイワイがやがや討論したり、
ひとり熱心に勉強にいそしんだり。
斉さんの想い通り、ここはいつ訪れても
京大の学生さんたちで賑わっています。
今日は通学前に予習する学生さんに
混ざって朝ごはん。
朝の光がしっとりさし込む優雅なひととき。
こんなカフェが学校の近くにあるなんて、
うらやましいかぎりです。

「100年持つから大丈夫」と
黒田氏が言ったという、どっしりと風情のあるテーブル。
「学生さんに教室代わりに使ってもらいたい」との想いで
依頼したそうです。
塗り替えもせずそのまま使い続けられています。

いつもカウンターの中から
お客さんを見守っている、
4代目店主の川口聡さんは、
斉さんのひ孫にあたります。
今日はチーズドッグとサラダのセット
「プチ・デジュネ」をオーダー。

照明は割れると同じものを
作ってもらい、また取り付ける。
その繰り返しで、
デザインなどは
一切変えないのだそう。

カフェで使われる食器はすべて白。
カウンターの前の棚に
いつもきちんと整えられています。

今回お邪魔したのは吉田キャンパスの本部構内。工学部や法経済学部などがあります。

京都大学

1897年の創立以来、
「自由の学風」を建学の精神としている名門・京都大学。
学生にやさしい百万遍の街の中心的存在です。
周辺には進々堂をはじめ、定食屋さんや中華屋さんなど、
学生ウェルカム！な店がたくさんあるのですが、
ここ、京大も負けず劣らずのひらかれた雰囲気。
学校のシンボル、正門前の楠を見ながら、
カフェでワインだって飲めてしまうのです。
とは言っても、ここは大学。
おじゃましますという謙虚な心がまえで、
構内を散歩させてもらいます。

こちら、カフェレストラン「カンフォーラ」。
今日は京大、早稲田大学、黄桜が共同開発した
ビール系飲料「ホワイトナイル」をごくり。

構内には趣のある建物もたくさん。
ここは工学部建築学教室本館。
学科を創設し、初代教授となった
武田五一氏の設計による。
京大最初の鉄筋コンクリートの
建物なんですって。

アンスティチュ・フランセ関西

京大の正門から東大路通を渡り、
フランス語学校のアンスティチュ・フランセ関西へ。
フランス国旗たなびく瀟洒な建物は
界隈でもとても目立つ存在です。
昭和11年に建てられた校舎は、老朽化のため
2003年に改装されましたが、床や建具は当時のまま。
有形文化財にも指定されています。
語学学習はもちろん、フランス文化を知ってもらうための
チーズセミナーやワインセミナー、
フランスの地方のフォークダンス教室（！）、
マルシェも開かれています。
イベントホールやカフェ、図書室、ギャラリーなどもあり、
放課後や授業の合間のひとときを
学生たちはもちろん、学生でない私たちも、
思い思いに過ごすことができます。

3階にはレセプションや
セミナーが行われるサロンがあります。
今日の展示は和紙や生地に岩絵具で作品を描く
「大舩真言展」。
教室へと続く廊下は
80年近く経った今でも、とってもつややか。

フランスとフランス語を知るための資料が揃った
ポール・クローデル メディアテーク。
本や雑誌、CD、DVD、オーディオブックなど
その数およそ14000点。
クラブ・フランスの会員になれば
いつでも借りることができます。
会員でなくても閲覧は自由。
窓辺の椅子に座って、
心ゆくまで本を眺めることができます。
メディアテーク入り口にある銅像は、
設立当時のフランス大使で、詩人、劇作家でもある
ポール・クローデル氏のもの。
姉のカミーユ・クローデルが
作ったものなのだとか！

階段の途中にも
本棚があります。
フランス料理に関する
文献がいろいろ。

壁に描かれているのは
フランス人アーティスト、
リュシー・アルボンの
イラスト。

こちら、高い天井と窓から
さし込む光が気持ちいい、
1階の「ル・カフェ」。
天気のよい日は
外のテラスもオープンします。
まわりのフランス人の先生の
話し声をBGMに、
赤ワインとステックフリットを
食べていると、
あれ、私どこにいるんだっけ？　なんて気分に。
アラカルトもランチも通しでオーダー可能。
紅茶やワインのセレクションが
豊富なところも魅力的です。
京都の中のフランス、ぜひ一度、訪れてみて。

日替わりメニューの他に
ステックフリットや
サラダニソワーズなど
カフェの定番メニューもあり。

レストランスタッフはフランスの方が多し。
ワインはフランスのものがグラス、ボトルともに
常に10種以上用意されています。

黄色い壁が印象的な階段途中の踊り場からは、京大の校舎が望めます。

ちょっと寄り道

その一

阿闍梨餅を買って鴨川へ

…… p.182 map ④

阿闍梨《あじゃり》餅本舗 満月 本店

丹波大納言を使って炊いた粒あんをしっとりした生地が包み込む。
大人から子どもまで、みんな大好きな阿闍梨餅。
京都土産の定番、という人も多いのではないでしょうか。
デパートや京都駅構内のお土産物屋さんなど、京都市内では15カ所で。
大阪や東京のデパートでも手に入れることができる（!）ようになりましたが、
でもせっかく京都に来たのなら、満月 本店まで足を伸ばしてみたいもの。
なんていったって、できたてほやほやの阿闍梨餅を買うことができるのですから!
今日は、買ったばかりの阿闍梨餅を持って鴨川でおやつタイム。
風が冷たい秋の午後。紙袋から伝わってくるお餅のぬくもりがありがたい。袋を開けると
甘い香りがふわ〜っ。外側はややかりっ、内側はもっちり。いつものとはまた違った食感です。

竹籠に入ったものが
いつでも買えるのは
本店だけ。
贈り物にいかが?

鴨川に渡された飛び石を、

ぴょん

ぴょん。

ときおり、
きれいに色づいた
葉っぱが
流れてきます。

ことあるごとに訪ねたくなるお寺

…… p.179 map ②

1600以上のお寺があるという京都の街。旅の途中にお参りを、と思うもののどこへ行けばいいの？　なんて迷ってしまう人も多いのでは。見どころいっぱいの京都のお寺ですが、私はあちらこちらとたくさんのお寺に行くよりも、好きなお寺をしぼって、何度か通うことをおすすめします。春夏秋冬、いえそれどころか、季節と季節の合間もまた、お寺のちがった顔がのぞけるから。

京都の中心から車を走らせることおよそ20分。鴨川の源流のひとつ、高野川のほとりに佇む蓮華寺は、何度訪れても「ああ、また来たいな」と思わせてくれるお寺です。初めて訪れたのは、紅葉の季節まっ盛りの11月。書院の畳に座り、東向きに開かれた庭に目をやると、そこに広がるのは石で表現された仏教の世界観。赤や黄色に色づいたもみじのなんと美しいこと。柱でトリミングされた庭の景色は一枚の絵のようでした。

キーンと寒い冬の日も、うららかな光がさし込む春の日も。特等席に座ってしばし瞑想します。

蓮《れん》華《げ》寺《じ》

季節がひと巡りして、
また紅葉の季節にやってきました。
寛文2年（1662年）再興。
天台宗のお寺である蓮華寺は、
詩仙堂を造営した文人・石川丈山や、
書家や陶芸家として知られた本阿弥光悦、
絵師・狩野探幽らが造営に
携わったと伝えられているお寺です。
山門をくぐり石畳の参道を通って書院の中へ。
書院内からの庭の景色に
目を奪われつつも、
まずは右手奥の本堂でお参りを。
本堂までの渡り廊下は
雑念を捨てて粛々と進みましょう。

書院へ向かう手前、阿弥陀三尊が安置された仏間からの眺め。お寺の中はどこを観ても、またどの角度から観ても端正で凛とした空気が流れています。

小さな建物は鐘楼です。
創建当時の姿を残す
山門からは
石畳の参道が続きます。

書院から眺めた池泉鑑賞式庭園。畳に座って鑑賞します。池の手前には舟に見立てた舟石。その奥の丸い岩を亀、右側にある縦長が鶴。

舟で極楽へ行き、仏様に出会えた喜びを鶴と亀で表現し、燈籠は極楽浄土への道標。お庭全体で仏教の世界観を表しているのだそう。

お寺をたずねたら……

さて、そもそもどうして私たちはお寺に行くのでしょう。心が和むからという人や、建物やお庭の美しさに惹かれて、なんて人もいるかもしれません。もちろん私もそのひとり。けれども一番の目的は手と手を合わせて、仏様にお参りをすることです。

「右手は、人間にとって都合のいいことを考える心。左手は厳しい現実や、くよくよする心。どちらも人間の中にあるものですが、どちらかに偏ってはいけないのです。このふたつの手を合わせて、自分の都合をすべて仏様の前に出す。よいことも悪いことも両方を含めたみんなが世の中なのだと受け止めること。つまりこれが拝観という行為なのです」

蓮華寺の副住職が拝観の意味合いを教えてくださいました。

日頃から、偏りを正して現実を受け止めようと立ち返る気持ちを持てていればいいけれど、日常に追われていると、なかなか気が回らない。ではどこかで拝観の心を養おう……ということでセッティングされているのが、「お寺」という空間なんですって。
最近ではお花見やもみじ狩りの延長のような気持ちでお寺にやってきては、お庭だけ眺めて写真を撮り、参拝せずに帰る……なんて人もいるのだそう。
「はじめは分からないなりでけっこうなんです。でもぜひ拝観という想いを心にとどめていただきたい。そして、庭できれいな紅葉を目にし、心を和ませる。そんな風にしてお寺の秋の風情を楽しんでいただきたいと思っています」
もともとお寺の庭とは、お釈迦さまが自然の中で修行していたように、われわれも木や草や水や石を使って目の前に同じような場を表現して、修行しよう……そんな意味合いから作られたもの。
いわば自分と向き合う、修行の場。「拝観がお寺のスタート」、そう肝に銘じてお寺の門をくぐりたいものです。

トロッコ列車で秋の遠足

…… p.183 map ⑦

風もすっかり秋めいて散歩の楽しい季節になると、気持ちはなぜだか外へ外へと向かいます。保津川渓谷に沿って走る観光列車の景色がすばらしいとのうわさを聞きつけ、やってきましたトロッコ嵯峨駅。……あれ？　改札前には人がいっぱい？　なんだろうと思って近づいてみると、嵯峨野トロッコ列車を待つお客さん⁉︎小さな子どもから、おじいちゃんおばあちゃんまで、この日のために準備しておいたチケット片手に、列車が来るのをドキドキ、ワクワクしながら心待ちにしています。帽子かぶってリュックを背負って。カメラ片手に遠足気分！　なんだかこちらまで、気分が盛り上がってきました。旅の高揚感か？　一緒に楽しいひとときを過ごしているという連帯感からか？　列車の中はなごやかな雰囲気が漂って。

全席指定のこの列車、運賃大人片道600円。秋のこの時季、紅葉目当てのお客さんで当日券はほぼ手に入らないそうなので、事前に準備しておきましょう。

嵯峨野トロッコ列車

トンネルを抜けるとそこは絶景。車内に歓声が！
トロッコ嵐山駅からトロッコ保津峡駅にかけては
紅葉がもっともきれいに見えるところ。
途中、鉄橋でストップして景色を見せてくれたりとサービス満点。

「来た、来た〜！」
歓声の中
列車が到着。

ホームには
記念写真用に
車掌さんの衣装が
準備されています。

色づく葉を
左に右に眺めます。

緑から黄、赤へ……葉のグラデーション！
ふと下を見下ろすと川下りの舟。
行きはトロッコ列車、
帰りは川下りなんてコースもオツなかんじ？

列車は亀岡駅で折り返し。
帰りは嵐山で寄り道するために途中下車。
こぢんまりしたホームに設置された
木の駅名標にほっこり。

トロッコ嵯峨駅発、トロッコ亀岡駅までの
7.3kmの道のりをおよそ25分、
ガタンゴトンと揺られながらのんびり走る列車の旅。
途中、保津川下りをしている
船頭さんやお客さんに手を振ったり、
色づく葉っぱをカメラにおさめたり。
そして最後の締めは、車掌さんの唄!?
拍手のフェイドアウトとともに列車は終点、亀岡駅に到着。
たまにはこんな旅もいいものです。

「またね〜」
車掌さんやお客さんに
手を振ってお別れ。

厭離庵《えんりあん》

愛宕道沿い、
民家の間の石標が目印。
竹林に囲まれた
小径を進んで奥へ。

嵐山駅で降りた私を待っていたのは人力車。
乗ってみようかな？　という気分になったのは
さっきまでの遠足気分のせい？
「来ぬ人を まつほの浦の夕なぎに
焼くや藻塩の 身もこがれつつ」
小豆《あずき》発祥の地、小倉山の麓にある厭離庵は、
詩人・藤原定家が小倉百人一首を
撰したところとしても知られるお寺です。
ふだんは予約が必要ですが、
11月1日から12月7日のちょうど紅葉の季節は
一般公開されています。
ここ厭離庵のまわりには二尊院や常寂光寺、
向井去来の別荘・落柿舎などもあり一大観光スポット！
秋のお寺をひっそりゆっくり味わいたいなら
早い時間に。朝のお寺もいいものですよ。

しっとりとした深緑の苔の上に落ちたもみじがまるで絨毯のよう。
上を向いても下を見ても、黄から赤へのもみじの層!
庫裡へとつながる広間の縁側に座って、
ひらひらと地面に葉の落ちる様子を心静かに眺めます。

ちょっと寄り道

その二

気分はガリバー!?

……p.183
map ⑦

上の写真は京阪神と九州を走っていた寝台特急あかつき。EF66系機関車の運転台に座って、ジオラマの電車を動かすことができるんですって。新幹線にトロッコ列車も!

ジオラマ京都JAPAN

トロッコ嵯峨駅に戻った私の目に入ったのは
「ジオラマ京都JAPAN」の看板。
ジオラマ？　京都？　JAPAN！？
吸い寄せられるように入って行くと……
なんとそこには日本最大級の鉄道ジオラマが！
2011年3月にオープンしたばかりのこちら、
すでに鉄道ファンの心をわしづかみにしているよう。
京都の街を一望できる総面積285.15㎡のジオラマは、
鉄道ファンのみならず、子どもも大人も楽しめる場所です。

総距離2.7kmある線路には新幹線やトロッコ列車などの模型、HOゲージの列車が走っています。向こうの山に見えるのは、大文字をはじめとした五山の送り火。

五重塔に清水寺。展示の上の歩道橋からは京都の名所旧跡が一望。

鍵善良房　四条本店

つるつる、ごっくん。

…… p.180 map ③

八坂神社の参拝客をはじめ、茶人や僧侶、祇園という場所柄、お茶屋や料亭に出入りする旦那衆や、花街の芸妓さんなど、多くの人に愛されてきた鍵善良房の和菓子。創業は江戸の享保年間というから、かれこれ300年もの歴史を刻んでいることになります。

四条通に面した本店の暖簾をくぐると、左右にあらわれるのはどっしりとした拭き漆の飾り棚。これは民芸運動に関心を寄せた12代目店主が、漆芸家の黒田辰秋に依頼したもの。帳票類の収納として今でも現役で使われているんですって。

お目当ては、奥の喫茶室でいただく名物のくずきり。吉野葛と水だけで作るくずきりに、黒糖蜜をたっぷりからませて、つるり。かの水上勉氏が「蜜の甘さと、くずの淡白さが、舌の上で冷たくまぶれて、つるりとのどへ入りこむ。くずきりは京の味の王者だと思う」と絶賛した味わいは、とても繊細で奥ゆかしい。お店はくずきりを求めてやってくる人でいつもいっぱい。ゆったりと過ごしたいなら、早めの時間に訪れることをおすすめします。

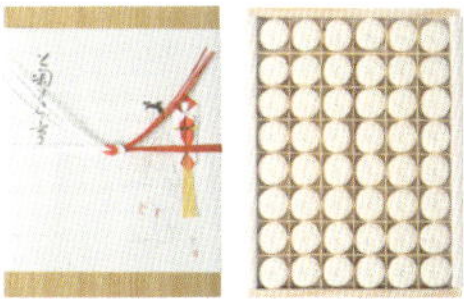

帰りがけ、いつも買うのは鍵善を代表する名菓・菊寿糖。木箱に入ったその様子がたまらなく美しい。木型は江戸時代から使い継がれているデザインなのだとか。

その他、花びら餅や甘露竹、ちまきなど、季節に添ったお菓子もいろいろ。
今日は栗蒸し羊羹を。

注文してから作られるくずきりは、
できたてが命。
うかうかおしゃべりしていると、
コシとキレが無くなってしまうから
運ばれてきたら
目の前のくずきりに集中して
心していただきます。
器は2段重ねになっていて、
上段は蜜、下段にくずきりが入っています。
蜜は黒蜜と白蜜の2種類、
どちらか好きな方を。
今日は黒蜜を選びました。

喫茶室にさりげなく飾られていたのは……
なんと葛の根。
この葛の根からいくつもの工程を経て
まっ白な葛粉ができ上がります。

くずきりの工房はお店の２階にあります。作業はすべて人の手で。長年の経験と勘がものをいいます。でき上がったくずきりを切る時に生じる太さの微妙なばらつきが、食感に変化をもたらすのだとか！

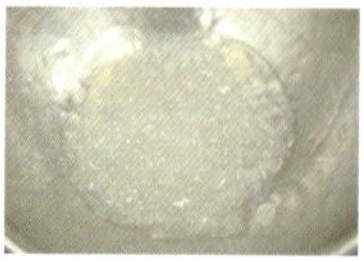

ZEN CAFE + Kagizen Gift Shop

本店から歩いて5分ほど、
2012年の11月にオープンしたのが
ZEN CAFEです。
「今までの鍵善とは少し違ったお菓子と、
お菓子から広がるライフスタイルを
提案したいと思っています」
と当代ご主人の今西善也さん。
1カ月ごとに変わる上生菓子、
11月の今日は栗きんとん。
栗と白あんを混ぜたあんの中に
栗の粒々が散らばって……
添えられた玉露との相性もばつぐんです。

岸野寛さん、辻村唯さん、
余宮隆さん……
器のほとんどが
ご主人と同じ世代の
若手作家によるもの。

同じ建物の向かって左がZEN CAFE、
右がKagizen Gift Shop。
ギフトショップでは干菓子などの
お菓子の制作過程を
見ることができます。

特別な一本を買いに錦へ

…… p.180 map ③

京都の台所と呼ばれる錦市場。漬け物屋や京野菜の八百屋が並ぶ一角、錦天満宮のほど近くに店を構える有次は、永禄３年（1560年）、刀鍛冶「藤原有次」として創業しました。江戸時代に入り、泰平の世となって刀の需要が減ったことから料理庖丁の鍛冶を開始。店内には庖丁はもちろん、真鍮の鍋やかつおの削り箱、干菓子の型、おろし金……と料理に使う道具がずらり。一度手に入れたら、それこそ「一生もの」の道具の数々は、料理人にはもちろん、プロと同じ道具を使いたいという人にまで広く愛されています。もちろん私もそのひとり。京都を旅した記念にまずは打ち出しの鍋をひとつ。次はうさぎや蝶々の抜き型を……という具合に、少しずつ少しずつ揃えては大切に使ってきました。
今日は長年のあこがれの庖丁を買おうと、張り切って店にやってきました。相談に乗っていただくのは、社長の寺久保進一朗さん。17歳でお店を継がれ、この道一筋に50年以上！　私にぴったりな庖丁が見つかること間違いなしです。

有次《ありつぐ》

「毎日使える庖丁を」という私の希望に、寺久保さんは
さっとショーケースの中から5本の庖丁をえらんでくださいました。
「手にしっくり馴染むのは木の柄のもの。
つこたらよくよく洗わんとあかん。それを心得てつこうていただかんと。
重たい庖丁はかなわんという人はこれ。
逆に重たい方がええいう人は一定の重さのあるものをつこてもろたら」
と軽やかに解説。庖丁とひと口に言ってもいろんな種類があるものです。
「庖丁は使う人が研ぐもん。心得て手入れすると道具は活きてくる」
はい。今日から使ったらきちんと手入れして自分で研ぎます。

それぞれ手に取り、悩んだ末に
鋼の両サイドをステンレスでカバーした
「平常一品」をえらびました。
さびづらく、あつかいやすいんですって。

レジの奥の研ぎのスペース。作業場はどこも清潔で気持ちがいい。

「手入れはようしていただかんと。
そしたら最終的には長持ちするし、
自分の手に馴染むようになる」
何事にも感謝の心を持って接している
寺久保さん。お茶を飲んでも、
お酒をご一緒しても、いつも物腰やわらか。
道具を大切にする人は、台所も美しいし、
振る舞いも美しい。
つまり生き方まですべてが美しいということ。
庖丁を使うたびに寺久保さんの言葉を思い出し、
姿勢をただして手入れに励んでいます。

寺久保さん、
姿勢を正して
最後の研ぎの作業を。
その所作の美しいこと!

年季の入った
丸太の輪切りの上で
名入れの作業をします。

コンコン、コツコツ……
え？　下書きをしないで？
「そうですよ、はい。
できました」

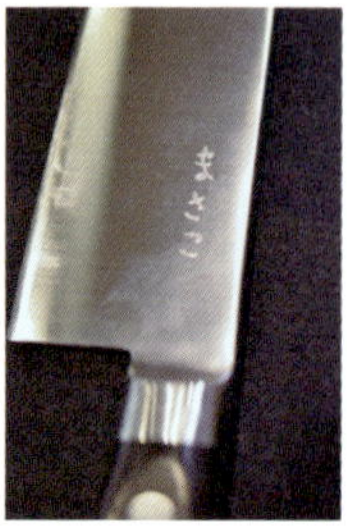

「まさこ」の刻印が
2分足らずで完成。

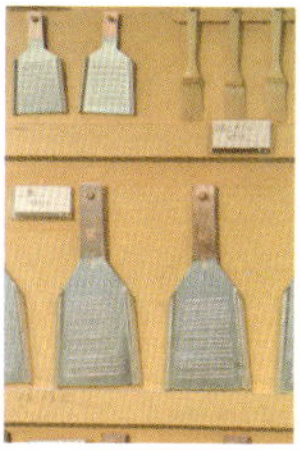

錦市場という場所柄か、
外国からのお客様も
とても多いのだそう。
名入れの最中も、
興味深げに
眺めている人がいました。

賑わう錦市場の中でもひときわきりりとした佇まいの有次。
入って左のショーケースに庖丁が、
右には鍋などの料理道具が並びます。
栗むき庖丁、蛸引き、鱧の骨切り、カステラ庖丁、白菜庖丁、
千枚漬け専用の庖丁……和洋中にこだわらず
料理人の要望に応えて様々な庖丁を作っています。
それが可能なのもすべて一丁ずつの手作りだからこそ。
月に5回、庖丁研ぎの教室も開催されているんですよ。

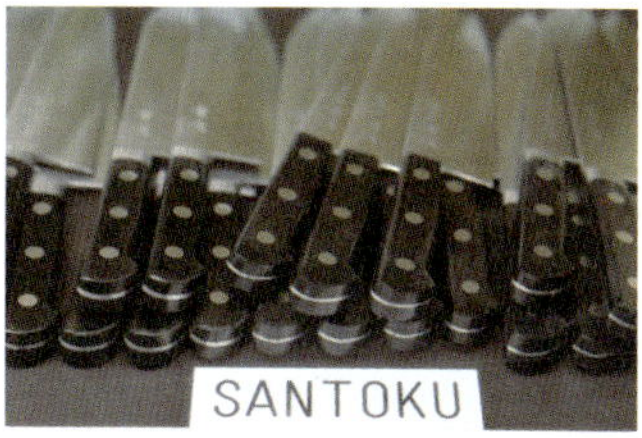

料理道具といっても
相手は刃物。
取り扱いは
お店の方にまかせて。

日本の味の原点を堪能する

…… p.180 map ③

鴨川の西、河原町を東に入った小路に佇む志る幸。暖簾の「汁」という大きな文字が見えてくるとともに、お出汁のかおりがプーンと漂ってきて……なんともいえない幸せな気持ちになります。
ここ志る幸はその名の通り、汁ものを食べさせてくれるお店。白味噌、赤味噌、すましの３種類の汁ものと、それに合う具が季節に応じて常時10種類以上メニューに並びます。
その昔、質素をよしとした時代のこと。客は各自ごはんを持ち寄り、主は汁だけ準備して客を迎え入れました。もてなしの気持ちを、ただ一杯の汁に込めた日本古来の美風。それこそが志る幸の心なのだそう。壁にかけられた品書きには、かき、おとしいも、はもなどに混ざって、しゅんさい、ししみ、ゆは……？ 「汁ものが濁らないように、濁点をつけていないんです」と、2代目ご主人の小堂修平さん。なるほど！　澄み切った味わいの汁ものは、体のすみずみまで染み渡り、最後のひと口を飲み終わる時、しみじみと思います。ああ、日本人に生まれてよかったって。

志《し》る幸《こう》

能舞台を模したカウンターや、三条、五条大橋の欄干に見立てた席……
店内は、お味噌汁の味わいとともに京都らしさも味わえる造りに。
今日は千利休にちなんだ、利久辨當をいただきます。
季節の炊き込みごはんと焼き物、煮物、和え物、香の物など、
5種類の料理とともに、豆腐のお味噌汁がつきます。
夜は奥のお座敷で懐石料理もいただけるとか。
お酒の最後の汁ものも格別なんだろうな。

左のお椀は
おとしいも入りの白味噌汁。
こっくりとした味に
“味噌汁観”が変わります。
料理を出してくださるのは、
ご主人のお嬢さんの桂さん。

創業は昭和７年。
厨房にはだしのよい香りが
漂っています。

食後、厨房におじゃましました。
「味つけはもちろんですが、料理は盛りつけも大事」と小堂さん。
器に盛りつける所作は無駄がなく、そして美しい。
厨房の中は道具から火のまわりまで、どこもかしこも清潔です。
「人様の命をお預かりしているわけですからね」
ご主人の心がこもっているからこその
おいしさなのですね……。

お店はその昔、
古高俊太郎が枡屋を構え、
かの有名な「池田屋事件」の
発端になった場所なのだとか。

お屋敷の周りを溝が囲み、
金魚がすいすい。路地を
奥に行くとお座敷があります。

鴨川には歩いてすぐ。
帰りは川沿いを散歩して。

オオヤさんのコーヒーって!? …… p.182 map ④

ある人は「まるでシルクのようだ」と言い、またある人は「いやいや宝石のようだ」と言う。コーヒー焙煎家・オオヤミノルさんの淹れるコーヒの味わいはいかに？
コーヒー焙煎のかたわら、日本各地でコーヒー巡業をしているオオヤさん。思いもよらないところでバッタリ！　なんてこともまああって、約束もしてないのに一年に何度かお目にかかるようになって早7年。お会いすると、小さなかごに入った道具をひょいと出して、とっておきの一杯を淹れてくれます。「友だち」というには距離が少々。「知人」と呼ぶにはややよそよそしく感じる、微妙な私たちのこの関係。たとえるならば「たまに会うと悪いことをこっそり教えてくれる親戚のお兄さん」、そんなかんじかな。
ボーダーの首元からタグが顔を出していたり、寝ぐせがついていたりとなんとなく「イケてないボク」を装っているオオヤさんですが、じつはとってもオシャレ。コーヒーを淹れるその姿は茶人のようだな、なんて思っているのです。

FACTORY KAFE工船

「では」とまずはコーヒーを一杯。

FACTORY KAFE工船はオオヤさんが仲間と経営する喫茶店。
今出川の清和テナントハウスの2階にあります。
かつてダムタイプというダンスカンパニーやギャラリーが
入っていたこのビルは、アーティストたちの溜まり場。
オオヤ青年をはじめ、80年代の京都の
アート好き少年少女のあこがれの場所だったんですって。
コーヒーの焙煎が仕事の9割というオオヤさん。
お店を持つつもりはなかったのですが、
ダムタイプの練習場だった一室が貸しに出たことで出店を決意。
カウンターなど喫茶店に必要なもの以外は、できるだけ作り込まず、
天井も壁も床も当時の面影を残すようにしたそう。

オオヤさんの、旅に持って行くコンパクトな道具。蚤の市で買ったフィンガーボウルや辻和美さんのグラスなど、いちいちかわいい。

おいしいコーヒーってなんなんだろう。豆の煎り方?　お湯の温度?
「よくコツを聞かれるんですけどね、もちろん言い出せばキリないけど、
『たっぷりの粉でちょっぴりのコーヒーを淹れること』
って答えるようにしてるんです」とオオヤさん。
コーヒーは「漉す」という調理法。
「お出汁に例えるなら、削り節をたっぷり入れてちょっぴりの出し汁を取る。
すると濃度は濃いのにはんなりした味になるでしょう?
コーヒーもそれと同じ」
はぁー!　なるほど。目からウロコとはこのことです。

まずは豆を挽く。

ネルドリッパーに
粉を入れる。

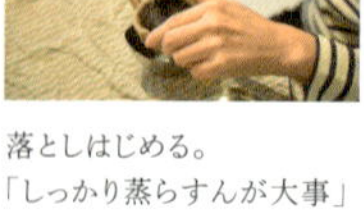

落としはじめる。
「しっかり蒸らすんが大事」

お湯の温度は
煎茶を入れるくらい。

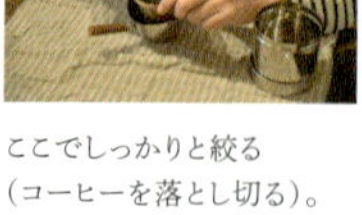

ここでしっかりと絞る
(コーヒーを落とし切る)。

さあ、できました。

今日はコーヒーのおともに、
焦がしバターをきかせた
りんごのケーキをお土産に持参。

私みたいに大雑把にコーヒーを淹れる人はどうしたらいい?
「そんな人でもおいしく飲めるように煎ってますから。
面倒な時は、コーヒーとお湯を入れたマグカップをガーッと混ぜて
3分おいといて、あとでフィルターで漉したら味がととのいますよ」
にわかコーヒー個人レッスン。

お店に立つのは店長・瀬戸更紗さんとマーボーのふたり。
窓際のカウンターに座って
コーヒーを淹れてくれるのをぼーっと眺めるのが好きなのです。
どの作業もとてもていねいでさりげない。
「なんでもないけど、なんかいいでしょ」
よくオオヤさんはこんな風に味や人やお店をほめるけれど、
そうか。オオヤさんのコーヒーって、なんでもないけどなんかいいんだな。

もちろん豆も買うことができます。
それにしても、どうして KAFE 工船?
「なんか変でしょ。変だけど定着すると
変じゃなくなるでしょ?」

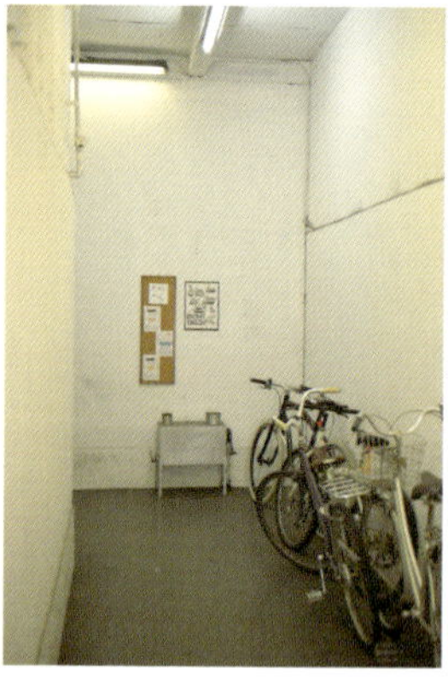

1 階の入り口はこんな風。
左の階段をとんとんと昇ると
2 階にカフェがあります。

factory zoomer/wall
自転車相談所 バッチグーバイシクル

お店を出す時にオオヤさんが声をかけたのが、
ガラス作家の辻和美さんと友人のタクヤさん。
入り口左の壁では辻さんの作品が売られています。
店で使われる器はすべて辻さんのガラス。
「コーヒーは体温に近い方がおいしく感じる。
自分の店では
耐熱ではないグラスを使って出したかったんです。
豆の焼きが悪いとコーヒーは濁ってしまう。死んでるいうか、ね」
自分のハードルとしてガラスに入れることを選んだんですって。
カウンターのお隣には自転車屋さんが!?
タクヤさんは自転車屋さん……というよりは
自転車駆け込み寺と言った方がいいのかな。
自転車にまつわるあらゆる相談に乗ってくれます。

自転車の話になると止まらない?
タクヤさんがコンセプトを作った
アラヤの自転車、ツバメ× cycle 号は、
乗っている女性が美しく見えるよう設計されているんですって。
順番待ちが出るほどの人気。

自転車に乗ってすーいすい

…… p.182 map ④、p.183 map ⑥

意外にコンパクトな京都の街。タクシーに乗るには近すぎるけれど、歩くのはちょっと遠いなぁ……。今まで何度か、ああ自転車があれば!! と思う場面がありました。すーい、すーいと縦横無尽に街を駆け抜ける自転車姿の人を見ては、はーかっこいいなぁと憧れていたのです。……そんな私を知ってか知らずかオオヤさんから「自転車で街案内します」とのお誘いが。タクヤさんにツバメ号を借りて、いざ出発です。さすが、女性が美しく見えるようにと考えて作っただけあって、ツバメ号の乗り心地は抜群。なんだか様になっているような気さえしてきました。
高校時代は自転車通学だったというオオヤさん。「かわいいクラスメートの自転車のベルを追い抜かしざまにチリンチリンとか鳴らしてさ。『オオヤ、やめなさいよー』とかなんとか、まわりにいる優等生の女子にしかられて……」。鴨川沿いを走りながら、オオヤさん、なつかしの青春時代を思い出し中。電車通学だった私はうらやましいかぎりです。

「は、はーい。ちょっと待ってー」

「大丈夫ですかー」

一旦、鴨川で慣らし運転した後、街へ。
京都に住んで半世紀近く（?）のオオヤさん。
さすがの土地勘、
道がすっかり頭にたたき込まれてる。
途中、オオヤさんが結婚式を挙げたという
ヴォーリズ建築の建物の前を通って……。

本田味噌本店

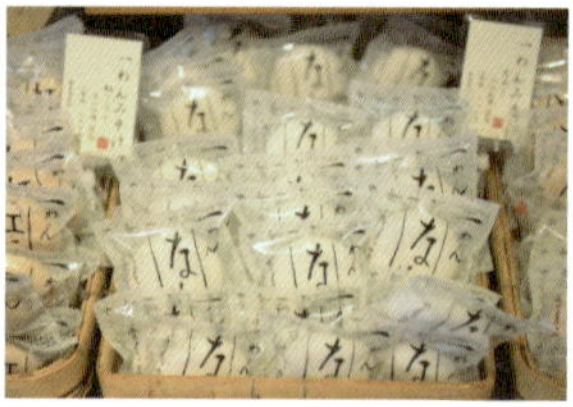

フリーズドライにした味噌を麩焼きに包んだ「一わんみそ汁」。お椀に割り入れ、お湯を注ぐだけでおいしいみそ汁ができ上がります。

店内にはいろいろな味噌が並んで……。新しい味に挑戦してみようかな。

今出川から室町通を下って少し走ると
お味噌屋さんに到着。
あれ、市内のデパートや京都駅で
よく買っているお味噌屋さん?
ここが本店だったのですね。
180余年の歴史を持つ本田味噌本店。
初代店主が麹造りの腕を見込まれ、
宮中に献上したのがはじまりなのだとか。
紅麹が入ったこく深い味わいが魅力の紅麹味噌、
京都のお正月には欠かせない西京白味噌、
お土産の定番、常備しておくと重宝する一わんみそ汁……
ついついお買い物に熱が入ります。

代々の味を守りつつも、時代に寄り添った味噌造りをしてきたという本田味噌本店。「味噌屋といえる商売せい」とは代々続く言い伝え。

越後家多《た》齢《れい》堂《どう》

ふうわりとしたなんともかわいらしい見かけに、
心がいやされるのは私だけではないはずです。
オオヤさんが「本当においしいと思う。
ていねい、ってことですね」
と手放しに褒める、カステイラの越後家多齢堂。
店の奥には江戸時代より受け継がれた
伝統の技法で焼かれるカステイラが並びます。
ひと口頬張れば、
卵の香りがふわりと広がって……幸せの味!
今や私のお遣いものの定番になった
化粧箱入りのカステイラ。買うとおまけに
生地のはじっこを包んでくれます。
おまけ目当てに、足を運ぶ人もいるんですって。
その気持ち分かるなぁ。

サイズを伝えるとその場で専用の庖丁で切ってくれます。左は寿の文字がのった婚礼用のカステイラ。

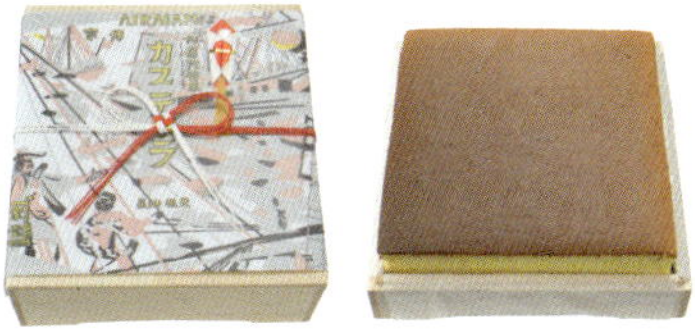

木箱入りのカステイラ。のし紙は近所に住んでいた日本画家・三輪晁勢によるもの。港の味をイメージしたデザインなのだとか。

先代ご主人中川潤一さんと笑顔のすてきな奥さま。現在は息子さんが跡を継がれています。

なぜか、同じポーズで包んでもらっているのを待つ私たち。

日榮堂《にちえいどう》

気づいたら空からちらほら粉雪が。
体も冷えたしそろそろひと休み……と
案内されたのが、みたらしだんご屋さんの日榮堂。
オオヤさんが中学生の頃、ガールフレンドを連れて
食べに来ていた(!)お店なんですって。
「やらかいでしょ、やらかくておいしい。
バランスがちょうどいいんです」
お餅ととろりとしたみたらしがいいかんじに馴染み、
その間の焦げ目が味の引きしめ役になって……
何本でもいけそうです。
ほっこりしたら、さあ出発。
冬の街へと繰り出します。

みたらし1本110円。創業は大正末期。
現在、2代目ご主人の広瀬正光さんと
奥さまのタヅ子さんのおふたりで切り盛りされています。
11時からで、なくなり次第、店じまい。
遅い時は5時ごろまで開いているそうですが、
早めにたずねた方がよさそうです。
今は、持ち帰りのみの営業となっています。

「思いのほか、
何本でもいけちゃうでしょ?」
「ほんと、ほんと。おいしい〜」

こっとう 画《わ》餅《ひん》洞《どう》

おだんご食べてすっかり元気になり、
ふとお隣を見ると、
店先に出された小さな机に
小皿やグラスが並んでいます。
「骨董屋、のぞいてみます?」
とオオヤさん。
のぞきますとも!
木のトレーに漆のお椀、豆皿や鉢、
店に並んだ古いものたちは、
日本のものばかりかと思いきや、
フランスやスペインのものも
混ざりあっていて……。
オオヤさんのまわりでも、
贔屓にしている人が多いのだそうです。

築90年の古い家屋を改装し、服部元昭さんと朝日久恵さんがお店を始めたのが2003年のこと。

嵐電《らんでん》沿線は、なんかええ

…… p.183 map ⑥、⑦

１日では回りきれない（！）盛りだくさんなオオヤさんの京都案内。２日目の今日は京福電鉄（通称・嵐電）沿線のなつかし＆お気に入りの場所に連れて行ってくれるのだとか。この沿線の街で生まれ育ったオオヤさんいわく、「華やかなスポットはあまりないけど、ここにはなんともいえない味がある。京都の本当の姿っていうかね」。

あ！　電車が到着。レトロな雰囲気漂う車両は、嵐電の中で最も人気のあるものなんですって。ガタンゴトンと揺られながら、窓の外を見れば、なにやらのどかな雰囲気です。「この速度もなんだかいいでしょ？」と言いながら、途中で乗りこんで来た学校帰りの小学生に「どこ小？」なんて話しかけている⁉ 「これから、習い事に行くん」、子どもたちもふつうに受け答え。東京じゃこんなこと考えられません！ 「京都でも、この沿線だからやと思いますけど。子どもたちが大人に対して心ひらくんは」。『なんかええ』の意味、なんとなーく分かったかも。

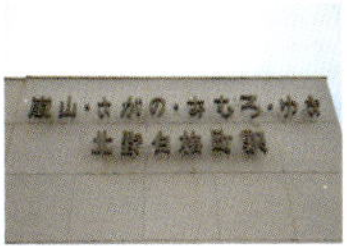

今出川通を西に進むと
突きあたりに見えるのが、
嵐電・北野白梅町駅。
オオヤさんは
「凱旋門」と
呼んでいるのだとか。

「そうそう、太秦の撮影所近くの
喫茶店でお茶飲んでるとね、
ヒーローものに出てる変身する人とか、
時代劇の俳優がかつらかぶったまま
休憩しにきたりして」
「え？　じゃあフナコシにも会えるっ？」
「ボクは藤田まこと見ましたけどね」
「ええ〜！　いいなぁ……！」

運転手さんが身近に感じます。
線路の先を見るのも楽しい。

人なつこい小学生。知らない大人に
心ひらくってなんだかいいね。

西陣 江戸川

「河原町や祇園あたりと違って、上京区には古くていい店があまり残っていないんだけど、ここはいい雰囲気でしょう？よく保存してあって気分がいい」
嵐電散歩のまず初め、電車に乗る前に連れて来てもらったのは西陣の鰻屋さん。
鰻が関東焼きなのは、先々代が関東出身だったからなのだとか。
「鰻はぎりぎりまで蒸した方がさっぱりするし、やらかいから」
と3代目ご主人。なるほど。ふっくら蒸された鰻は、ふわっとした食感。

「ここら辺の人間はあんまり河原町まで行かない。お出かけと言えば、ここ。千本通とかね。もうさびれてしまったけど、昔はレストランとか映画館があってジーパン買うてもろたり、おもちゃ買うてもろたり」
オオヤさん、少年時代を懐かしく回想中。
「ジーパン」の響きが70年代を醸し出してる。

お店は昼間だけの営業。
鰻丼と肝吸いをいただきました。

年季の入った配達用のばんじゅう。

SPINNUTS

嵐電・等持院《とうじいん》駅で下車して原毛屋さんのスピナッツへ。
私のまわりの織りやニットの作家さんの間でも
知らない人はいない、その道では有名なお店です。
「うちはね、原毛をそのまま出荷もするし
洗い上がったものや、染めたもの、
それから輸入のメリノ……
あとスピンドルのコマなんかも扱ってるんです」
とオーナーの本出ますみさん。
オオヤさんとはお父様同士が親友なのだとか！

1階が『SPINNUTS』の編集作業などもする作業場。
2階が原毛のストック場所。
世界各地から集められた原毛が、
ここから日本各地へと届けられます。

スピナッツが発行している冊子。
フェルトアーティストをたずねる北欧の旅や、
織り機や糸メーカー、染料……など
「原毛」にまつわるありとあらゆる話が
本出さんによって編まれています。
年に3回の発行で、間もなく90号。

入り口で記念撮影。
「嵐電沿線のこの店が日本の
ホームスパンの文化の中心。
鼻が高い！」とオオヤさん。
なんという郷土愛。

2階に上がると、モコモコでいっぱい。
それにしてもなぜ原毛屋さんを?
「豪州を旅してて、偶然スピニングしている人に出会い、
彼女が紡いでいた毛がものすごくきれいだったんです。
ひと目で原毛屋になるって決めました。
悪い男に恋におちたみたいなもんですね」
スピナッツの運営以外に、
正倉院の毛氈《もうせん》を調べる仕事もされているという本出さん。
「不思議なご縁でね。これはもう、
我が意を得たりと思って。
ご先祖様は、仕事用意してくるんやなぁ」

コマを使って紡ぐ様子を
見せてくださいました。

種糸をつくって、
羊毛によりをかけて紡いでいく。

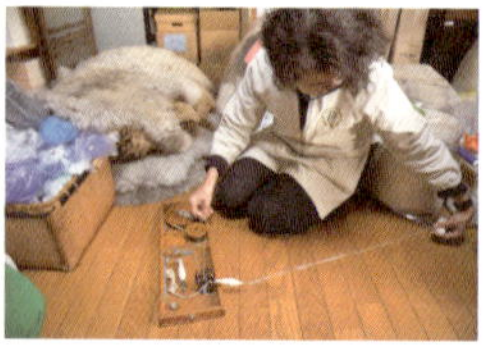

「スピンは、とても心丈夫な楽しい道具やね」
本当。見ているだけで楽しい。

こちらペルーの毛織物。
しっとりした肌ざわり！

玄関にはフェルトの手作りスリッパが。
白地に黄色のモケモケがかわいい。

カラフルな原毛はイタリアのもの。
全部で65色あるそうです。

静香

「ここは街の応接間みたいなとこやね。
旦那衆がよく来たとこやから、内装もきちんとしてる。
店の名前『静香』も芸妓さんの名前じゃないですか。上七軒も近いしね」
なるほど、京都の花街は祇園だけにあらず。
ここ静香は、西陣の旦那衆と芸妓さんの待ち合わせ場所にも使われたとか。
オオヤさんも、中学生の頃からガールフレンドを連れてたびたび訪れたそう。
「当時は超背伸びして来てましたね。
ガールフレンドが『ココアください』とか言うてね。
女の子ってコーヒーでも紅茶でもなく、ココアなんや思って、どきどきして」
昭和12年の開店当時からほぼ変わることない店内に、
思い出がたくさんつまっているのは、オオヤ青年だけではないのでしょうね。

嵐山 たなか

「たまにお母さんもひとりになりたい時があるでしょ?
そんな時、お父さんが小さかったボクを連れ出して、
てくてく、けっこうな道のりを歩くんです。太秦のスマート珈琲に寄って、
たなかに寄って晩のおかずを買って帰ると、お母さんもご機嫌でね」
おかずを買ったら、嵐電に揺られながら家路へ……。日曜日の夕暮れ、
袋ぶら下げて嵐山を歩く、オオヤ親子の後ろ姿が目に浮かびます。
ポテトサラダに唐揚げ、地鶏のコロッケなどのふだんのおかずから、
鰻の蒲焼きや、すっぽんのスープまで、多彩な品ぞろえ!
近所にこんなお店があったらうれしいなぁ。

じっくり煮込んだ鮎の煮物や、炭火で焼いた鰻、
穴子の八幡巻……おいしそうなおかずがずらり。
豆と桜海老の煮物や鰻のぶぶ漬け、
穴子八幡巻など、土産にできそうな
真空パックや瓶詰めの商品もたくさんです。

オオヤさんおすすめの
唐揚げをパクリ。

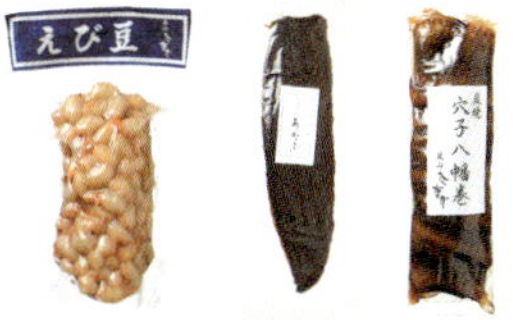

ハイアットで朝食を

…… p.182 map ⑤

一日の始まりに「朝ごはん、何食べようかな？」と考えるのはとてもたのしい時間です。京都にいるのなら、それはなおのこと。
街の喫茶店でコーヒーとトースト？　それともホットケーキ？
「おいしい」がたくさん詰まっている京都の朝ですが、私のお気に入りはハイアット リージェンシー 京都の１階にある「ザ・グリル」のブッフェスタイルの朝ごはんです。朝の光がさし込む店内に漂うのは焼きたてのパンの香り。バゲットやクロワッサン、パン・オ・ショコラやフルーツがのったペストリーのテーブルや、スクランブルエッグやベーコンなどの温かい料理が入ったフードウォーマーが並ぶカウンターは見ているだけで心がときめきます。
おいしいのはもちろん、白で統一された器やぱりっと清潔なナプキンなどのコーディネートもすてき。スタッフの身のこなしもスマートで、なんとも気持ちがよいのです。
朝ごはんを食べたら、チェックアウトの12時まで部屋で本を読んだり、もうひと寝入りしたり。のんびりした時間を満喫します。

ハイアット リージェンシー 京都

京都の東山七条に位置するハイアット リージェンシー 京都。
西側には三十三間堂、道を挟んだ北側には京都国立博物館があり、
とても静かで落ち着いた場所に立地しています。
滞在する時はいつも本持参で。快適なベッドに寝そべりながら読書をします。
ハイアットに泊まる時は、あれこれ出歩かず、
ホテル内のレストランで食事をしたりバーでお酒の時間を愉しんだり。
大人になってよかったな、としみじみ思います。

「ザ・グリル」のオープンは朝の6時半。毎朝、きりりとした空気でゲストを迎えるために、お掃除は夜のうちに済ませておくのだとか。京都の友人たちもザ・グリルの朝ごはんがお気に入り。ここで待ち合わせて朝食をとったら、みなそれぞれ仕事へ……ということも。

THE GRILL

夜明けから用意するという焼きたてのパン、
搾りたてのフレッシュジュース、
自家栽培園で手間ひまかけて作られる野菜……、
素材選びや料理のひとつひとつがとてもていねい。
シンプルでさりげないのです。
シェフが焼いてくれるふわふわのオムレツもお気に入り。

お皿の並べ方や盛りつけ方など、
随所にきめ細かい配慮が。

ひと晩かけてじっくりスモークされるレッグハム。
シェフに食べたい量を伝えて切り分けてもらいます。
後ろの暖炉の直火でさっとグリル、しっとりした上品な味わい。

大きな窓から望む景色を
眺めながらの朝ごはん。
いつか、何泊か滞在してホテルライフを
楽しみたいものです。

思い思いに漫画三昧、贅沢な一日

…… p.180 map ③

ひとりで気ままに過ごす京都の旅もいいけれど、だれかと一緒に過ごすのもまたいいものです。旅の相棒がいることで自分の知らない京都の一面を知るきっかけにもなるから。私の一番の相棒、それは娘です。神社仏閣好き。食いしん坊で胃袋の大きさも同じときたらいうことなし。もしも娘と一緒でなかったら、上賀茂神社に神馬ちゃんに会いに行ったり、鴨川で川遊びすることだってなかったかも。ここ、マンガミュージアムも最初は娘の付き添いで訪れたのですが、ハッと気づけば、すっかり私も漫画のとりこ。「え!?　京都で漫画？」と思いますか？　そう。京都で日がな一日漫画を読んで過ごすのです。なんとも贅沢な時間の過ごし方！ミュージアムに入ると、娘とは別行動。展示も漫画の閲覧もそれぞれ自分のペースで見て回ります。のどが渇いたらカフェに集合。「展示もう見た？」「あの漫画、おもしろかったよ！」なんて報告し合ってまた別の場所へ……気兼ねのいらない相手だと、こんなことだって可能。思い思いに漫画の世界を堪能します。

京都国際マンガミュージアム

メイン展示の他に、「マンガの壁」と呼ばれる全長200mにもわたる漫画の書棚、
子どものための図書室、2階の吹き抜けには手塚治虫の火の鳥のオブジェも。
ワークショップや、紙芝居のパフォーマンスがあったり……と
一日いても足りないくらい！
マンガの壁の単行本は館内のどこで読んでも自由。
天気のよい日はグラウンドの人工芝に寝転びながら
漫画を読む人の姿も見られます。

ページ上の写真は、所蔵資料30万点のうち、地下に収蔵されている
雑誌や1970年代以前のマンガ本などを閲覧できる研究閲覧室。
18歳以上の登録をした人のみが利用できます。
建物は昭和4年に建てられた小学校の校舎をそのまま活用。

カフェの壁には、ミュージアムを訪れた漫画家たちの
イラストやサインが。

1965 ▶ 1968
2
1969
3
1969

漫画家の机の上を再現。印刷されたものとはひと味違う、生の原稿が見られるのもこのミュージアムの醍醐味です。

メイン展示は「“マンガ”って何?」。
『マンガの作り方』、『「お約束」をやぶるマンガ』、
『マンガ家ってお金持ちなの?』、
『テレビマンガってなに?』など、
マンガの歴史や社会、産業など、
分野ごとにカテゴライズされた
体験型の展示が楽しめます。
会場壁面には、戦後から現代までの名作漫画がずらり。
年代ごとに展示されているので、
自分の生まれた当時の漫画を知ることもできるのです。

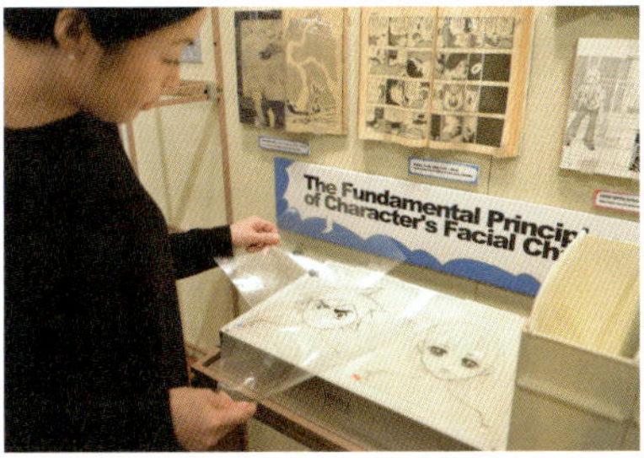

1970年代から2005年までに発行された単行本約5万冊が並ぶ「マンガの壁」。懐かしの漫画や気になる漫画をここぞとばかりに全巻一気読み。

居心地のいい飲み屋さん

…… p.180 map ③

新京極のアーケード内に店を構える京極スタンド。懐かしさ満点の「スタンド」の赤い文字の看板と暖簾が目印の飲み屋さんです。飲み屋といっても開店はお昼の12時。昼時、ちょっとお腹が空いたなとか、早めの夕方、新幹線に乗り込む前にビールとおつまみをちょこっとつまんで……なんて気分の時にぴったりです。
もちろん、夜に来ておつまみをあれこれ頼み、ビールや日本酒とともにしっかり腰を据えて飲む時も。相席になった向かいのおじさんや隣のお兄さんたちと、たわいもないおしゃべりをしたり、お店の中をてきぱきと動き回る店員のお姉さんを目で追ったり。ワイワイがやがや賑やかな雰囲気なので、ひとりで来ても手持ち無沙汰にならないし、なんというか居心地がとてもよいのです。
今でこそ人でにぎわう新京極ですが、昭和２年の創業当時は舗装もされていなかったのだとか。町の変化を受け止めながらも、ここだけはずっと変わることなく常連さんも観光客もどーんと受け止めてくれる。なんとも懐深いお店です。

京極スタンド

生ビールに、ポテトサラダ、豚の天ぷら、
グリーンピースの卵とじ……メニューの数は80種類以上!
お酒は地元京都の月桂冠一筋です。
レジでそろばんをはじいているのは、
3代目店主、杉山貞之さんのお母様。
今も現役で毎日お店に出てらっしゃいます。

ちょっと寄り道

その三 一歩入るとそこは別世界

……p.180 map③

昭和23年の創業当時から変わらぬ佇まい。
木屋町でも目を引く存在です。
ショップカードのイラストは
東郷青児氏によるものなのだとか。

街の喧噪から逃れてひとりになりたい。
そんな時は木屋町の喫茶ソワレを訪れます。
2階の窓際の席に座って、高瀬川を見下ろしながら
コーヒーを飲んでいると……あれ私、今どこにいるんだっけ?
不思議な気分になるのです。店内はいつ訪れても薄暗いブルー。
どうしてブルーなのでしょう?　と質問をしたら、
私の顔をじっと見つめて、
「だってきれいでしょ?」とご主人。
古くからのお客様には
ずっとこの照明で馴染んでいただいているから、
変えるわけにはいかないんですって。
ブルーの店内はソワレの象徴にもなっているのです。

喫茶ソワレ

今日はコーヒーとバナナクリームを注文。
ソワレ名物のゼリーポンチもシュワっとしていておいしい。

夜の10時まで
開いているので
木屋町周辺で飲んだ後に
寄ることもしばしばです。

京都府庁旧本館の中庭に咲く枝垂れ桜。円山公園の初代枝垂れ桜の孫になるのだそう。

桜を求めて市内を縦断

…… p.179 map ②、p.180 map ③

「ぽつりぽつりと咲き始めたなぁ、なんて呑気にかまえていたら、あっという間に街全体がうす桃色。今が満開です」。ある日、京都の友人からこんな知らせが届きました。街が一年のうちで最も華やぐこの季節。人でいっぱい……ということは重々承知しているけれど、でもやっぱり桜の京都を満喫したい。ぽかりと予定が空いたので、京都日帰り桜の旅を決行することにしました。
目指すは岡崎、桜回廊十石舟めぐり。南禅寺舟溜り乗船場から舟に乗りこみ、夷《えびす》川《がわ》ダムまで行ってまた引き返す、往復 3 km約25分の船の旅。春限定の観光船です。途中、京都市動物園や、平安神宮の赤い鳥居、京都国立近代美術館沿いの桜並木を右手に琵琶湖疏水を上り、左へ、冷泉通に入ると……運河の両脇に桜並木が！　目の前に広がる満開の桜に、舟の一同から歓声があがります。しっとり桜見物もいいけれど、こんな楽しげなのもまたいいかんじ。舟を降りたら、仕出しのお弁当を取りに行き桜の木の下でお花見を。今日はよくばり桜三昧の一日なのです。

岡崎桜回廊十石舟めぐり

水面や並木沿いの小径に
花びらが散らばって
あたりは一面、桜色に。
ソメイヨシノやヤマザクラが、
枝がせり出すように伸びる様も迫力満点。
疏水を進みながら6つの橋の下を通ります。
途中で振り返ると、赤い橋の向こうに東山。
いつもと違う目線が新鮮です。

高瀬川

まだお昼には早いから、
高瀬川沿いでもぶらぶらしようかな。
ここは河原町通から少し上がった
旧立誠小学校の辺り。
賑わう繁華街の中にありつつも、
しっとりした空気が漂うのは
雨上がりの桜のせい？

鴨川に平行して流れる高瀬川は、もとは京都の中心と伏見を結ぶ運河として江戸時代に開削されたもの。三条から四条にかけての川沿いには桜が植えられ、名所になっています。

菱《ひし》岩《いわ》

高瀬川からてくてく歩いて、
頼んでおいたお弁当を取りに行きます。
天保元年（1830年）に暖簾をかかげ、
180余年という菱岩。
仕出しの専門店です。四角い折の中に
京都の季節の味が美しく収まったその姿は、
まるで宝箱。事前に予約をすれば
ひとつからでも注文に応じてくれるので
お花見弁当にするのはもちろん、紅葉狩りのおともや、
ちょっと贅沢して帰りの新幹線でいただくことも。
場所柄かお茶屋さんへの配達も多いそうで、
祇園を歩いていると「菱岩」と書かれた自転車で
配達へ向かう姿が見られることもあるのです。

注文しておき、
直接取りにうかがいます。
待つ時間もうれしいものです。
手渡してくれたのは、
5代目ご主人の川村岩松さん。

店の前には配達用の自転車が。

京都府立植物園

さ、お弁当の時間です。炊き物、焼き物、酢の物、出し巻きに、
豆ごはん……、味の濃淡が詰め込まれていて、
最後のひと口までおいしくいただける。見た目だけじゃなく味わいも宝箱。
桜の花びらをかたどったしょうがの甘酢漬けが愛らしい。

ここは温室のすぐ横。
奥に続く桜林を向こうに、
はらはら落ちてくる花びらを
目で追いながらのお昼ごはん。

お弁当を受け取っていそいそとやってきたのは、
京都の北側、東に比叡山、
西に賀茂の清流を望む京都府立植物園。
およそ24ヘクタールという園内に植えられた桜は
約100種。500本もあるのだとか。
3月中旬に見頃を迎える寒桜に始まり、
染井吉野、八重紅枝垂れ、大枝垂れ桜……
4月下旬までの約1カ月間、桜を楽しめるのです。
なかには、天城吉野、糸括《いとくくり》なんていう珍しい品種も。
街中に比べるとお花見する人の数も少なくて。
私の気に入りの花見スポットです。

FRANÇOIS
喫
茶
フランソア

フランソア喫茶室

植物園を後にして、
新幹線に乗る前に少しお茶でも飲みましょう。
街中へ戻り、四条小橋近くのフランソア喫茶室へ。
豪華客船のホールをイメージした店内に
流れるのはクラシック。
京都には一歩中に足を踏み入れると
別世界が広がるお店がたくさんありますが、
フランソアはまさにその代表格。
コーヒー飲んで、甘いものをいただいて。
すっかりくつろいで店を出たら、もう日が暮れてる。
楽しかった一日も、おしまい。
後ろ髪を引かれながらも京都の街をあとにします。

赤いビロードの椅子、
ステンドグラス、
高くとられた天井、
木の窓枠……
優雅なしつらえに
心落ち着くひととき。

今日頼んだのは
クッキーとコーヒーか紅茶が
選べる「クッキーセット」。
さくっ、ほろっ。
素朴な味わいです。

創業者・立野正一氏と
その芸術仲間が
集まって設計。
店内の壁には
いたるところに
絵画がかけられて。

ヴォーリズ建築見学

…… p.180 map ③

四条通と鴨川が交差する四条大橋。南座から西へ目を向けると鴨川の向こうにスパニッシュ・バロック様式のひときわ目立つ建物が建っています。聞けばそこは、東華菜館という北京料理店。5階建ての瀟洒な建物は、日本でも数多くの西洋建築を手がけたウィリアム・メレル・ヴォーリズの設計によるものだったのです。
京都の友人知人にお店のことを聞いてみると、「小さい頃、家族で食事に出かけた思い出の場所」とか、「友だちの結婚式の披露宴会場だった」とか「会社の忘年会は毎年、ここで」なんていう人が大勢。京都の人たちにとって、ここは少し特別、そしてとても馴染みの深い場所のようです。
ビルの誕生は大正15年。前身の「矢尾政」というビアレストランのオーナーがヴォーリズに設計を依頼。しかし戦時色が深まる中、洋食レストランの存続が難しくなり、中国人の友人、于永善氏にビルを託します。その後、昭和20年に于氏が東華菜館をオープンさせ、以来70年近くにわたって営業されてるんですって。

東華菜館 本店

学校や教会を多く設計し、
商業建築に関わることの少なかったヴォーリズ。
中でもここは生涯で唯一のレストラン建築なのだとか。
蛸やホタテなどの
海の幸が彫り込まれた玄関のファサードをくぐり、
エレベーターで上階へ。
このエレベーター、なんと
日本に現存するもので一番古いものなのだそう。

エレベーターはアメリカの
OTIS 社のもの。蛇腹式の内扉や、
半円のフロアインジケーターなど、
今でも現役で動いています。
そのデザインの美しいこと！
屋上の、象徴的な小さな塔、
じつはエレベーターの昇降機を
格納するためのスペースだそう。

エレベーターの昇降は
運転手さんによる手動式。

「当時の面影をなるべく損ねないように、改装を重ねているんですよ」と
于氏のお孫さん。内装はほぼ竣工当時のままなのだとか。
上は、東側の窓からは鴨川が一望できる一般客席。
この他に、130名ものお客さんへの対応が可能という大宴会場、
中宴会場や小宴会場、個室が6部屋……と、迷うばかりの広さ。
それぞれに内装や意匠が異なるので、訪れるごとに部屋を変える人もいれば、
毎回、お気に入りの部屋を指定する常連のお客さんもいるのだそう。

サイドテーブルやチェスト、
花台などの家具から、
扉や天井、床……
いたるところにヴォーリズの
こだわりが。

右の写真の赤い布張りの椅子に
于さんが手をかけているのが
創業当時のオリジナル。
左はそれをもとに作ったもの。
維持や保存以外にも、
こうした店側のこまかな配慮が
東華菜館全体の雰囲気を
作り上げているのですね。

今日は、木のアーチが印象的な個室で中華のコースをいただきます。
お料理は先々代のオーナー于氏の出身地、山東の料理をベースにした北京料理。
塩味がベースのとても繊細なお味。
色あいや盛りつけも美しく、
だんだんと暮れゆく四条の街を眺めながらのお食事は
なんとも優雅なひとときでした。
デザートにいただいたあん入りの揚げ餅「炸元宵」が印象的でした。

寿ビルでミナツアー！

…… p.180 map ③

ミナ ペルホネンのペルホネンとは、フィンランド語で「蝶」という意味。「蝶の羽の多様な模様のように、様々な柄のテキスタイルを作ろう」、そんな想いでデザイナーの皆川明さんがブランドを立ちあげたのが1995年のこと。１号店は東京の白金台に。２号店はここ京都の四条河原町から少し下がった東側、昭和の初めに建てられた「寿ビルデイング」に誕生しました。関西で店を出すならば京都の町に……と思っていたという皆川さん。２年ほど物件を探していた時、寿ビル５階のギャラリーのオーナーから、１階に空きが出たとの知らせを受け、即座に借りることを決めたのだそう。もともとこのビルの持つ空気感が好きだったことが決め手になったのですって。

今日は１階の minä perhonen で皆川さんと待ち合わせ。３階の「minä perhonen arkistot」と「minä perhonen galleria」、４階の「minä perhonen piece,」を案内していただくミナツアー！

ミナ ペルホネンの世界に浸ります。

minä perhonen

レジ前にはオリジナルのソファ。
服を包んでもらっている間、ここでくつろぎます。

はじまりは1階 minä perhonenから。2007年、最初にできたお店です。
お蕎麦屋さんの打ち台が発想源（！）という
インテリアファブリックを扱う一角や、
心地よさを追求したフィッティングルーム、ハンガーラックやドア、
床材、照明……店のすべてに皆川さんの細やかなこだわりが。
ハンガーラックは淡路島の鉄鋼細工職人、ドアは木工作家の方……
信頼のおける人々との出会いがあってこその店なのですって。

小さな部屋のような
かわいらしい試着室。
壁紙にはジャカード織りの
布を織る時のパンチカードが
全面に貼られています。

パリのバレエメーカー「レペット」とコラボレートした
靴は2柄、各2色の展開。

minä perhonen arkistot

布サンプルの中には
懐かしい柄も！
作家とコラボした
アクセサリーや
文具もあります。

味わいのある古い階段を上って
3階 minä perhonen arkistot へ。
アーカイブという意味を持つ“アルキストット”は
過去の服を扱うお店です。
季節やその時の空気に合わせた
ラインナップに変わるそうです。
買い逃した服や懐かしい服にまた出会える……
ミナファンにとってはたまらないのでは？
定番の卵形のエッグ バッグやミニバッグはサンプルから
好きな布を選んでオーダーすることもできます。
でき上がりまで1〜2カ月ほどかかるそうですが、
わくわくしながら待つ時間もまた楽しいものです。

「lentää」の札が
かかったラックの服は
2泊3日から
レンタルが可能
なのですって！

アーカイブの中から選んだ
黄色いワンピースを試着。
こちらは2009年春夏のもの。

minä perhonen galleria

つづいて、同じフロアのminä perhonen galleria。
ニュートラルカラーの服が並ぶ、大人っぽい品ぞろえです。
「カッティングや素材のよさが感じられる
服作りもしたくて」と皆川さん。どのパターンも
数着だけしか作らない、“ガッレリア”だけの展開です。
BGMの音量が他の店より少し大きめなのは
他の人を気にせず、好きに過ごせるようにとの配慮から。
服選びの時間を優雅に過ごせる、とっておきの場所です。

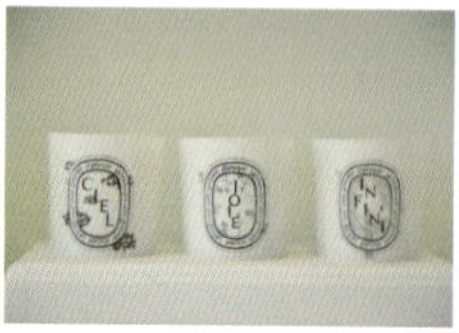

パリのディプティックと
コラボレートしたキャンドルは、
皆川さんが詩を書き、
表現された景色を調香師が
香りにおこしていったのだとか。
「CIEL」「JOIE」「INFINI」の3種。

「いろんな体型、
さまざまな年齢の人に着てもらいたい」と
皆川さん。

ビル内でこの部屋だけに施されていたアーチを意識して設計やコンセプトを大事に温めてきたという皆川さん。
壁は白い服が見やすいようにと淡いミントグリーンです。壁にはりつけられた
丸められた紙には皆川さんの言葉が。なんて書いてあるかは訪れた人だけのお楽しみ。
磁石で留められるよう、壁に鉄板を入れたんですって!

ストックルームや
フィッティングルームなど、
曲線を意識して設計。

床材は牛革!
経年変化が
楽しみなのだとか。

壁のタイルは
陶芸家・安藤雅信さんに依頼。
その数なんと1700枚。

minä perhonen piece,

さいごは、4階のminä perhonen piece,へ。
服作りをする過程で生じる余り布を利用して
新しいもの作りをするための部屋です。
「もともとは写真館だったこの場所を知る人が
訪ねて来た時に当時の面影を感じられるよう、
窓枠やリノリウムの床、ドアなどは
そのままにしています」と皆川さん。
パーツを選べるバッグやリメイクした服、
カップやお皿などが並べられた店の奥には
ミシンや糸が並ぶラボラトリィが。
制作に励むスタッフの姿が見られます。

柄を選べるバッグ用のパーツや余り布を使ったくるみボタン。

パッチワークされたバッグが掛けられた、フィッティングコーナー。

左の写真はフランスのワイナリーに飾ってあった、ぶどうがモチーフになったレース編みの暖簾。扉はもともとついていたもの。塗装をはがして使っています。古い窓枠に合わせて窓に白くペイントしたものに花を描いたのだとか。工事中の窓のイメージなんですって。

ラボラトリィ

とっておきのイタリアン

…… p.180 map ③

テーブルには、ぱりっと清潔なテーブルクロスが敷かれ、その上にはまっ白なお皿と小さなお花のアレンジ。厨房からはおいしそうなにおいが漂って……こぢんまりとした店内はいつ訪れてもあたたかい雰囲気です。友だちの家に招かれたようにほっとする店がここ、リストランテ デイ カッチャトーリです。
シェフの永田匡人さんはイタリアのピエモンテ州やロンバルディア州で８年間修業した後日本に戻り、2008年に京都の縄手通に店をオープンさせました。以来、大切な人や、気のおけない友だちと京都でなにかおいしいものを食べたい……なんて時のための、とっておきの店になりました。
今日のひと皿目は季節によって素材を変えている定番のサラダ。「奥ゆきのある味わいのモスカートヴィネガーとオリーブオイルで様々な食材を合わせました」と永田さん。小鴨とアプリコットを合わせたサラダは初夏にぴったりのさわやかな味。おすすめのワインとの相性もぴったりで、お腹も心も大満足です。

RISTORANTE DEI CACCIATORI

続きまして、パスタはイタリア北部のエミリア地方のマルタリアーティ。
ジロール茸をソテーしたシンプルなソースでいただきます。
手打ちのパスタはわざと不規則に切って食感を出しているのだとか！
メインの牛フィレ肉はフレッシュトマトと塩、胡椒、
オリーブオイルのみで仕上げた軽やかな味わい。
ドルチェはアマレット風味のビスコッティとカカオを白桃に詰めて焼いたもの。
白桃に詰めてからオーブンで焼くことで両者に一体感が生まれるんですって！

永田さんとは前にいらした
お店の頃からのおつきあい。
穏やかな人柄ですが、
料理にかける情熱は、熱い。
「つい仕事をしてしまう」と
言うように、パンや食後に
添えられる小さなお菓子まで
すべて永田さんの手作り。
いつも満ち足りた気持ちに。

丸太町にできた雑貨屋さん

…… p.182 map ④

お店の奥が椹木さんの定位置。
いつもここで雑貨を見ながら
椹木さんとおしゃべり。

河原町通と丸太町通の交差点近くに2012年の秋にオープンした雑貨屋さんKit《キット》。もとは洋品店だった古い建物をほぼそのまま活かした店内には、日本の作家さんの器や着心地のよさそうなルームウェア、北欧のグラス、フランスのアンティークのお皿、あれ？韓国の干し菜に、ざる、アイルランドのキャンベルズの紅茶まで⁉器や雑貨、食べるものまで、ありとあらゆるものが並んでいます。「いろんな国の、いろんなものがごちゃごちゃ混ざっているのがいいかなと思っています」というのは店主の椹《さわら》木《ぎ》知佳子さん。ジャンルにこだわっていないので、何屋さんですか？と聞かれたら「雑貨屋さんです」と答えているのだとか。お店に行くと、まずは店内をぐるりと一周。手に取ったり、触り心地を確かめたり……あれ？　気づくと欲しいものでいっぱい。「だれもが気軽に入れて、発見や興奮と楽しさが広がる。そんな場所を作りたい」という椹木さん。蚤の市を訪れているような、そんなわくわくが味わえるお店です。

Kit

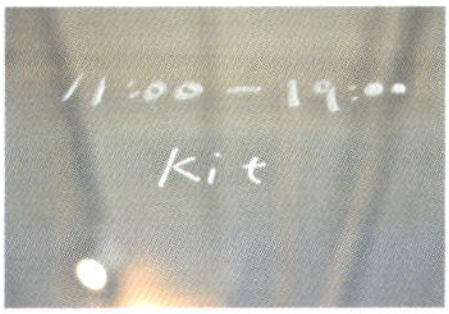

入り口右側の棚には
韓国の雑貨や食材が
並べられています。
このお隣には
古書コーナーも。

棚や床も洋品店だった頃のまま。
「壁を塗り直して、天井をとって拭いて……
その他の什器は家から持って来たり、作ったり」
なんだか楽しそうにお店作りをしてきた様子。
通りすがりのお客さんはもちろん、
近所に住む椹木さんの友だちや
常連さん、お菓子を卸しにきた人……
お店に遊びに行くといろんな人が
入れ替わり立ち替わりやってきます。
まだオープンして1年なのに、
すっかり町に馴染んでいるかんじ。
器、紙、カレー、コットン、ポット、占い……
時々行われるイベントは
ジャンルにこだわらず、じつに様々。
なんだか楽しげです。

いろいろな国の
器や雑貨が集合した、
カウンターの前の棚。

ちょっと遠出

花脊へ

……p.178 map ①

新緑まぶしい5月のはじめ。
少し遠出をして京都の奥座敷、花脊の旅館・美山荘を訪れました。
迎えてくださったのは、4代目ご主人の中東久人さん。
花脊の山々の自然の恵みを素材とした「摘草料理」の宿として知られる美山荘ですが、
今日は中東さんに案内いただいて春の山へ山菜摘みに行くことになっているのです。
毎朝、愛犬のクロちゃんを連れて山に入るという中東さん。
「毎日、同じところを歩いていても、ここにこんなんあったんやという発見がある。
草のいでたちを見てたらどんな風に料理をしようか、
どんな風に盛りつけようか、アイデアが溢れてくるんです」
自然から発想力や元気をもらっているんですって。
左京区とはいえ、山深い花脊。気温も京都の街中より1、2度低いのだそう。
摘草はついつい春先と思いがちですが、じつは5月頃が一番おもしろい時季とか。
ぜんまい、いたどり、よもぎにたらの芽、
ツツジやすみれもからりと揚げていただくそう。美山の山は食材の宝庫です。

小川のせせらぎが聞こえる
山でわらび採りを。
「爪がキュッと通るぐらい
のものが食べごろです」

あっという間に持ちきれないほど収穫。

美《み》山《やま》荘《そう》

岩場で見つけたのは、
小指の先ほどの大きさの岩梨というツツジ科の植物。
かじるとほのかに梨の味。
酸味があるので料理のアクセントに使ったり、
果実酒を作ったり。

次々とたらの芽を採る中東さん。
「ふだんは添え物として
使われることが多い
たらの芽ですが、
適切な温度、適切な加減で
揚げると主役になるくらいの
おいしさになるんですよ」

よくよく目を凝らすと、食べられる葉がいっぱい。私のこれは?
あれは?　の質問に中東さんは丁寧に答えてくださいました。

「山にあるものは無理矢理育てられたわけではない。
だから嘘がないんです」と中東さん。
もう少しすると淡竹《はちく》が。初夏には木いちごが……。
季節ごとに訪れて、中東さんの作る料理を味わいたい。
旬を先取りするのが贅沢ではなく、
旬を味わうことこそが本当の贅沢なのだということを、
美山の自然が教えてくれました。

明治の中期に大悲山峰定寺《ぶじょうじ》の宿坊として始まった美山荘。
参道をはさんで左側にある母屋は、
峰定寺の塔頭の跡に建てられたものだそう。
参道の右側、川沿いの「川の棟」には「山椒」「楓・岩つつじ」
「すもも」「石楠花」の4つのお部屋があります。
私が滞在したのは月見台が設けられた一番奥の「石楠花」。
川のせせらぎや木々の揺れる音を聞きながら
月見台でゆったりした時間を過ごし、
おいしいものを食べてお酒を飲んで、
お風呂に入って、またお部屋でゆったり……
体の中から、外から、穏やかになっていくような気がします。

建物はどちらも120年前の創業当時のもの。
昭和12年、先代の時代に数寄屋造りの大工の棟梁として知られる
中村外二氏の手によって改築されました。
月見台が設けられたのは10年ほど前、4代目に代替わりしてからのこと。
以来、当時の名残を残しつつも、お客様がより快適に過ごせるよう、少しずつ改良を重ねているのだとか。

鮎の塩焼きは笹の葉の香りもごちそう。
頃合いを見ながら、鯉の鱗焼や
筍の塩釜焼などが続々と。

夜ごはんは母屋の「名栗の間」でいただきます。
かごに入って運ばれてきたのは、
こしあぶらとたらの芽の天ぷら、よもぎのくず豆腐、
嫁菜の白和え、芽独活《めうど》と野蒜《のびる》の甘酢漬け、わらびののり巻き……。
さっきまで山に生えていた山菜や木の芽や葉が、
洗練された姿に生まれ変わって、
目にもおいしいごちそうに。

峰定寺《ぶじょうじ》

久寿元年（1159年）、鳥羽法皇の勅願により、
観空上人が創建したという峰定寺。
本堂や重要文化財の仁王門の造営には、
平清盛や藤原通憲らが
関わったと言われています。
受付で入山証をもらい、荷物を預けて入山。
仁王門をくぐったら、そこから先は修行の場。
石の階段を一段一段踏みしめながら、
頂上の本堂を目指します。
崖に張り出した舞台造りに立つと、
見えるのは広い空と芽吹いたばかりの木々。
聞こえるのは風と鳥のさえずる音。

仁王門から先は貴重品以外の
荷物を持つことは禁止。
無心になって
自分と向き合います。

新緑が光に照らされてまぶしいばかり。
春には石楠花、秋は紅葉……と
一年を通じて美しい大悲山境内ですが、
冬と天候の悪い日は入山できません。

唐紙のご縁で西陣の街へ

…… p.183 map ⑥

型押しと呼ばれる古典的な印刷の技法で、版木を使い手摺りで文様を写す唐紙。西陣にあるかみ添との出会いは、京都の友人にもらったポチ袋が最初でした。水玉やストライプなど今まで持っていた唐紙のイメージとはひと味ちがう、かみ添の唐紙。中でも目を引いたのが、白く染めた和紙に胡粉《ごふん》などの白い絵の具でお化粧されたもの。白と言ってもいろんな表情があるものなんだ。きっぱりとしていてきれいだな。そう思ったのでした。

織物の街として知られる西陣。近くには大徳寺や裏千家会館があり、代々職人さんが多いこの辺りに店を持ちたい……かみ添の嘉戸浩さんと奥さまのみさえさんがそう考えていて出会ったのがこの場所だったそうです。そのお店に、友人に連れられて初めて訪れたのが３年ほど前のこと。以来、ちょこちょこと寄らせてもらうようになりました。時にはご近所のおすすめの場所をうかがったり……私にとってあまり馴染みのなかったこの界隈がぐっと身近になったのは、おふたりのおかげなのです。

かみ添《そえ》

元床屋さんだった築80年の町家に、白い唐紙がしとやかに並びます。

店内には様々な柄、それぞれに化粧された
ポチ袋や便箋、封筒などが並びます。
便箋をひとつの作品と考えて壁に飾るなど、
用途にこだわらず自由に使いたい!
襖紙や壁紙などの注文にも応じてくれます。
「見本帳があるわけではないので、
施主さんと言葉を重ねながら、
イメージをかためていくんです」と嘉戸さん。
いつか嘉戸さんに家の壁紙をお願いできたら……
夢は広がります。

「インドの更紗や、バティックなど、
文様は世界中にある」と嘉戸さん。
時には木彫りの椅子の背も文様のイメージになるそう。

お店を訪れる楽しみのひとつが
嘉戸さんやみさえさんにお会いすること。
唐紙のことはもちろん、
ご近所のおいしい和菓子屋さんを教えてもらったり、
旅の土産話を聞いたり。
話に花を咲かせます。

じっくり選んで
お気に入りの一枚を。

光のあたり具合によって
印象が変わる水玉の壁紙。
左の写真の封筒が置かれたコーナーなど
店内には床屋さんだった頃の面影が残っている。

店の奥の小上がりに座って
ひと休み。

茶《さ》洛《らく》

かみ添のお隣に店を構えていた茶洛が
今出川通沿いに引っ越ししたのが2012年の9月。
わらび餅作りを始められて約40年という、
ご主人・関川元彦さんの作るわらび餅は、
口に入れると、ふるっふる。とろけんばかりの食感は、
500回以上(!)の練りによるものなのだとか。
味わいは抹茶、ニッキ、しょうがの3種類。
どれにしようか迷ったら?
もちろんすべての種類をひとつずついただきます。
ぺろりといける軽やかさ!

短冊状に切っても
ふるふるとしながら
形を保っていられるのは、
くずれる寸前まで
練るからなのだそう。

ひと晩ねかせた生地を
手際よく切っていくご主人。
抹茶の緑が美しい。

作業はすべて
ご主人おひとりで。
季節やその日の天気、
湿気などによって、練りの
加減を変えるのだそう。

深煎りしたきなこに
ニッキの香り、さりげなく
風味を効かせたしょうが、
上品な宇治の抹茶。
持ち帰りのみの営業。
日持ちしないので、
帰ったらすぐにいただきます。

大徳寺塔頭　龍源院《りょうげんいん》

京都でも有数の禅宗寺院、大徳寺。
石畳の美しい境内には仏殿や法堂をはじめとする中心伽藍のほかに、
22の塔頭《たっちゅう》が立ち並んでいます。
お邪魔したのは大徳寺の塔頭の中でも一番古い龍源院。
北庭は枯山水の名庭・竜吟庭《りょうぎんてい》、石庭の一枝坦《いっしだん》、
東側には日本最小の石庭・東滴壺《とうてきこ》……と有名な3つのお庭があります。
境内はどこも美しく整えられていて
歩いているだけで清らかな気持ちに。

一枝坦が描かれた
拝観券。

北大路通のバス停、大徳寺前で。
京都の名所と主要駅を結ぶ
「洛バス」を待ちます。

一枝坦の反対側には苔の庭、竜吟庭が。
一面の苔は海を表現しているのだとか。
大徳寺では龍源院の他に、瑞峯院、大仙院、
高桐院で拝観が可能です。上は龍源院のお隣、黄梅院。

縁側に座って、枯山水の名庭、一枝坦を眺めます。

ちょっと寄り道

その四

スタジオ訪問

……

p.183
map ⑥

日《に》菓《っか》

「伝統の技術や素材を守りつつも、
新しい感性で楽しむことのできる和菓子を作りたい」
日菓のおふたりが作り出す和菓子は、かわいらしさの中に
くすりとするおかしみや、「なるほど!」と思わずうなる
言葉遊びが潜んでいます。2012年12月に念願の工房を構えた日菓。
ここでは、お茶会や結婚式の引き出物などのお菓子を作ったり、
展覧会やワークショップの準備をするのだとか。
月に一度の「月一日菓店」もオープン。3種類のお菓子が並びます。
右が杉山早陽子さん、左が内田美奈子さん。ふたりともかわいらしい!

日菓のお仕事をしつつ、
老舗和菓子屋さんで働いている杉山さん。
大変では? とたずねると、「でも勉強になります」
ですって。すごいなぁ。

黙々とお鍋に向かう内田さん。
翌日納品のお菓子の仕込み中。
オリジナルの意匠でも
受注が可能です。

お菓子のデザインはふたりで意見を出し合いながら決めるのだそう。
自転車に乗っている時でも歩いている時でも、
おもしろいものはなんでもスケッチしているんですって。

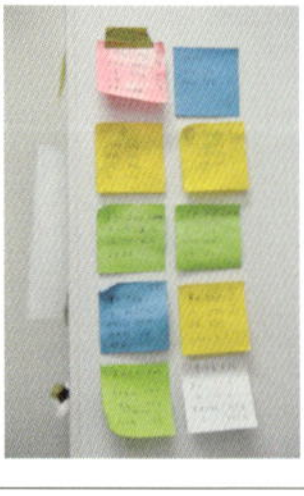

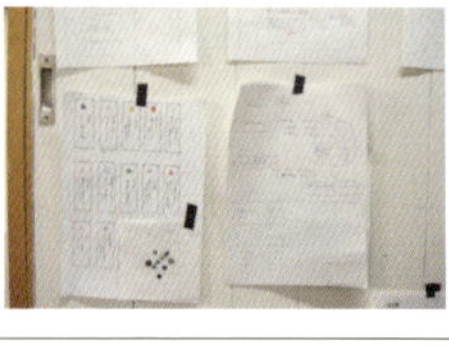

意匠制作の依頼書は
作業棚の扉へ、
材料などの覚え書きは冷蔵庫に。
その様子もさりげなくかわいい。

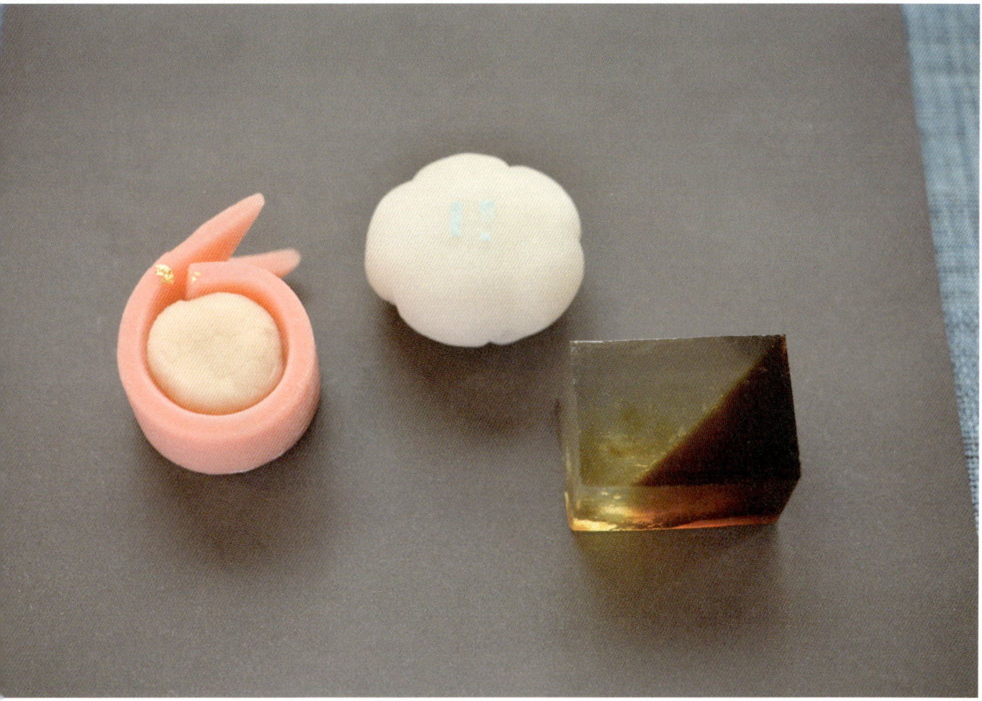

6月の月一日菓店のお菓子は、
6のリボン（こなし製）、雲のひかげ（外郎《ういろう》製）、日影ようかん（錦玉製）。
要予約です。

内田さんの一番思い入れのあるお菓子は
シルエットで3時を伝える「3時」。
杉山さんは箱にぎゅうぎゅうおまんじゅうを詰めた
「おしくらまんじゅう」。
すべてのお菓子に思い出と想い入れが詰まっているみたい。

こちら、たのしげなふきだしの形をした「空のセリフ」。

ピンクとグリーンの「テトリス」。どちらも琥珀製です。

真夏ならではの弘法さん …… p.179 map ②

毎月、21日になると「京都の東寺では弘法市をやっているなぁ」などと思い浮かべます。月の何番目の日曜日とかでなく、雨が降ろうと、その日がたとえ大雪でも毎月21日に市が立つ。すっかり頭の中には「21日は弘法さん」と刷り込まれているのです。

仕事などで運よく21日前後に京都を訪れることになったら、滞在を延ばして、または少し前に京都に入り、弘法市に出かけます。と言っても、なにがなんでも戦利品を！　という気合いはあまりなく、目的はただぶらぶらするだけ。途中でいいものに巡り会えたら今日はラッキー。なかったらなかったでそれもまたよし……というのんびりしたもの。「市」の持つ、わくわくする雰囲気そのものが好きなのです。到着するとまずは御影堂へ行き、弘法大使様にご挨拶。ぶらっとひと回りしたら、南大門を入ってすぐのお店で買っておいたおいなりさんを広げて腹ごしらえ。隣ではおばあちゃんが買ったばかりの端切れを広げてうれしそうに眺めています。そうそう、このかんじが好きなんです。

東寺

「縁日」とは、神仏がこの世に縁を持つ日。
東寺では祖師空海入寂の3月21日を期して、
毎月21日にここ、御影堂で行われる
御影供のことを指しているのだとか。
参拝客が多くなるにつれて茶店などが並ぶようになった、
これが弘法さんの縁日の起源になったと言われています。
出店数1200。毎月およそ20万の人で賑わうのですって。

あっちにウロウロ

こっちにウロウロ

あ、かき氷の屋台がっ!

私が到着したのは朝の9時すぎ。
大門をくぐって東寺に入ると……
ああもうお店がいっぱい並んでる!
お店が立ちはじめるのは朝の5時頃から。
いいものを見つけたかったら
少しだけ早起きを。

蓮の鉢を売っているお店を発見。ふだんは陶器を扱っているのですが、
7、8月の市だけ蓮の鉢売り屋さんになるんですって。

金魚はもらわず、
掬うだけの
「あそび」もあります。

氷を食べてほっとひと息。

照りつける日差しにへこたれそうになりながらも、
氷を食べたり、木陰に入って涼んだりしながらぶらぶら。
……と、そこで目に入ったのが金魚すくい。
ああ、やってみたいなぁと思いながらも
遠巻きに見ていると、
「ちょっと遊んで行きなよ!」とお店のおじさん。
右手に金魚をすくうポイ、左手にボウルを持って、いざ。
「だめだめっ。狙いを定めてひるまず一気に掬わなきゃ。
ほら、ボウルをもっと水面に近づけてっ!」
おじさんの教えに熱が入ります。

しゃっきり。かき氷で暑さ忘れ

…… p182 map ④

秋が近づくと栗のお菓子が出る頃かしら？　と胸ときめかせ、暮れにはお年賀用の富士山のデザインの羊羹を注文しに。海外へ住む友人へのお土産には小形羊羹をいくつか詰め合わせて……という具合に、一年を通してとらやのお菓子にお世話になっています。京都では四条通のお店も訪れますが、時間に余裕がある時は、こちら御所の西側の虎屋菓寮 京都一条店にうかがうことにしています。この地で創業し、約５世紀にわたる歴史を持つ虎屋の京都店が、建築家の内藤廣氏の設計により新しい姿に生まれ変わったのは2009年のこと。きりっとした空気が漂う空間は訪れるたびに背筋が伸びる思いがし、それと同時に清々しい気持ちにもなり、帰る頃には心も体もすっかりくつろいでいるから不思議。さりげないおもてなしの心が店中に息づいているからかもしれません。さて、今日のお目当てはかき氷です。繊細な氷の上に宇治抹茶と徳島の和三盆糖で作った特製の抹茶蜜がかけられて……なんとも涼やかな味わい。京都の夏の暑さもすっかり忘れてしまいます。

虎屋菓寮 京都一条店

庭に面したテラスの席でかき氷を食べていると、
時おりチリンと風鈴が鳴り響いて……。

敷地内には、芝の庭と水辺を囲むようにして喫茶スペース、
稲荷社や蔵、御用場と呼ばれるお菓子の製造所などがあります。
御用場では窓から作業風景を見学することも可能。
中庭には北野天満宮からいただいたという白梅をはじめ
柏など、お菓子の材料にちなんだ木が植えられています。
そのほかに、展示や講演会が行われるギャラリーもあり、
虎屋所蔵の作品などが展示されることも。

赤い鳥居は稲荷社。
代々大切にお祀りされています。

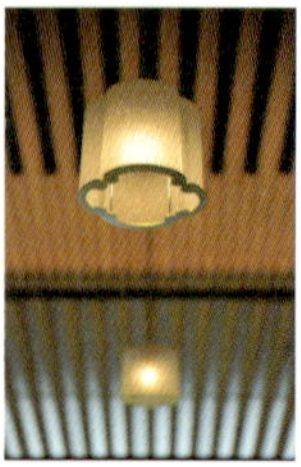

テラスの席で庭を眺めながら?
中のテーブルの席で本棚に置いてある本を読みながら?
その日の気分で好みの席を選びます。
喫茶では、あんみつやくずきりなどの定番の品以外に、
京都一条店だけのメニューもあり、知らない味わいに出会う愉しみが。
天井からさりげなく下がったライトのシェード、
よくよく見るととらやのマーク!

6月から9月までいただける、煎り青大豆ご飯。
香ばしさが食欲をそそります。右は夏の生菓子。
金魚やひまわりなど夏らしいお菓子は
お土産にしても喜んでもらえそう。

日本美術や芸術、お菓子などの書籍
が並んだ本棚。もちろん閲覧は自由です。

すっかり満喫して
店を後に。
帰りは菓寮近くの
店舗へ……。

とらや 京都一条店

今日は季節の生菓子を。

「御中元」の下の掛紙は虎の柄。
きりりとしていてかっこいい。

御所沿いの道を
散歩しながら帰ります。

浴衣でビアガーデン

…… p.180 map ③

大正５年創業のレストラン菊水。祇園の南座の前の……と言えば、「ああ、あそこの！」と誰もが分かる、この界隈でも目立つハイカラなビルです。去年の夏、お店の前を通りがかった時、ワイワイガヤガヤと楽しげな声が……なんとこのビルの屋上に、ビアガーデンがあるというではありませんか！　入ってみたいなぁと思ったものの、７、８月は２カ月前から予約でいっぱいなのだとか。今日は去年の雪辱戦？　ずいぶん前から予約をし、浴衣を着込んで勇んでやって参りました。「いらっしゃいませっ！」。夏の夕暮れ、通されたのは風が通り抜ける屋上のはじっこ、右手に南座、背中には鴨川を感じる特等席。さっそく生ビールをたのんで、まずは、プハーッ。「あ〜、うまいっ」。このひと口のために暑い一日を乗り切ってきたんです。それにしても一体、一日にどれくらいのビールがお客さんのお腹の中へ……？　とおののいてしまうほど、次から次へとジョッキに注がれ、テーブルに運ばれて……。祇園の街を見下ろしながら私もだんだんとほろ酔いに。

レストラン菊水

1階はレストランとパーラー、
2階は本格的フレンチグリルのレストラン、
3、4階は130名まで入れる宴会場、
そして屋上がビアガーデン！
アールデコやスパニッシュなど、当時流行りの
諸様式を取り入れた建物は国の登録文化財に。
ちなみにビアガーデンは1956年から。
京都初の屋上ビアガーデンなんですって。
席数は100。店員さんは、お客さんを
待たせることがないようにと目と気を配ります。
きびきびした動きが気持ちいい。

目の前には南座の屋根が。
夕方、日が暮れるとともに
ぽつりぽつりと
提灯が灯されます。

お馴染みのメニューも
ありますが、
オードブル取り合わせや
ビーフシチュー、
菊水風ピラフなども！
今日は枝豆と
海老フライタルタルソース、
海の幸のサラダをオーダー。
華奢なお皿に盛られて。

片手で3、4杯の
ジョッキを持ち、
次々と運びます。

祇園祭のせいなのか、
なにやら浮き立っている、京都の街。
お祭り気分は旅をしている私にも飛び火して（?）、
お隣のテーブルで宴会をしていた
お客さんたちとすっかり意気投合。
毎年夏はここでみんなで飲むのが恒例なんですって。

「まあまあ、ここにお座りなさい」
みなさまとってもジェントルマン。
くいくい飲みながら、
京都の話をいろいろと
してくださいました。

7月のひと月の間に様々な神事や行事が行われる
八坂神社の祭礼、祇園祭。
今日、7月10日は神輿洗式の日。
祇園祭の信仰の中核となる「神輿の神事」にむけて神輿を清めます。
空が暮れなずむ頃、四条大橋がなにやらざわざわとしています。
「今日は、お迎提灯なんですよ」と店長さん。
神輿を迎えるため、万灯会有志が八坂神社を出発し、
四条河原町→市役所前→寺町通→四条を通って
再び八坂神社へと巡行するのだとか。

ビジネスホテル

ちょっとぜいたくに、朝粥を

…… p.179 map ②

ついつい食べすぎ、飲みすぎになりがちな京都の旅。体にやさしい朝ごはんを食べたいな。そんな時にまっ先に思い浮かぶのが瓢亭の朝粥です。「朝がゆ」の始まりは明治のはじめ頃。祇園界隈の花街で夜遊びして朝帰りする旦那衆たちが「何か作って」と立ち寄ったことがきっかけなのだとか。

創業当時からの佇まいを残す表玄関の左手から庭へ入り、細い路地を通って茶庭へ。数寄屋造りの建物に身をおいて、窓の外を眺めていると最初のお膳、三ツ重ね鉢と八寸が運ばれてきます。鉢の中は和え物、蒸し物、炊き合わせ。「季節によって使う素材は少しずつ変化しますが、料理の組み合わせは完成されていて変えがたいため、ずっと変わらないんですよ」と15代目・髙橋義弘さん。その後、鮎の塩焼き、お椀と続き、やがてお粥が運ばれてきます。吉野葛のあんを少しずつかけながらいただく、炊きたてのお粥は、起き抜けの体にするすると染み込んで……なんともぜいたくなひととき。旅の疲れも吹き飛びます。

瓢《ひょう》亭《てい》

今から約400年前に、南禅寺の参道沿いに
茶店として誕生したという瓢亭。その後、
茶懐石の料亭としてのれんを掲げ、今にいたります。
ここ本店で朝粥がいただけるのは、
7、8月の2カ月間のみ。
鮎の塩焼きも夏の間の本店だけのお楽しみ。
一年を通して朝粥がいただける別館では、
冬はうずらの雑炊になるのだとか。
「うずらのスープと芹で炊き込んだ
野趣あふれるおぞうすいです」と髙橋さん。
京都を訪れる楽しみがまた増えました。

上は、三ツ重ね鉢と八寸、鮎の焼き物、お吸い物。
いただいている間にお粥が炊かれます。
下は三ツ重ね鉢を開けたところ。
瓢亭のおだしはすべてまぐろ節が使われています。
繊細で洗練された味わい。

池やせせらぎの水は、
おとなりの名勝・無鄰庵（むりんあん）から、
無鄰菴は琵琶湖疏水から
ひいているのだとか。

朝粥を味わったあとは、ぜひお庭も散策して。
「庭は放りすぎては野暮ったいし、手を入れすぎてもよくない。
ざんぐりとしてあるのがいいんですよ」と髙橋さん。
なるほど、凛とした中にもどこか親しみのわく、
なんともよい加減のお庭！
苔の存在感に老舗の貫禄を感じます。

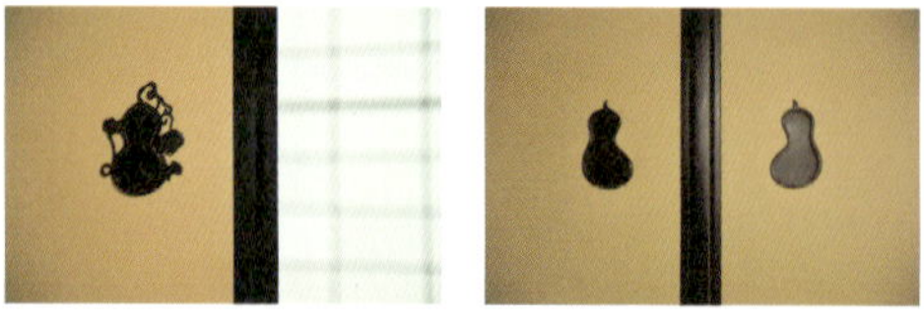

お店の中のそこかしこに
瓢箪のモチーフが。

厨房で腕をふるう以外に、
親子参加型の茶懐石の料理教室を開いたり、
食育の一環で地元の小学校へ出向いたり、
大忙しの若主人・髙橋さん。
小学校では5、6年生を対象に、
昆布だし、鰹だし、調味だしの味比べをするのだとか。
そんな授業があるなんて羨ましい！

お腹がいっぱいになったら、
南禅寺へお参りに。
瓢亭からは歩いて5分ほど。
朝の散歩は気持ちがいい。

夏の空の下、堂々とそびえる南禅寺の三門。いつ訪れても気持ちがしゃんとします。

ちょっと寄り道

その五

ラストスパート

……p.182 map ⑤

さてそろそろ新幹線の時間。京都の街ともしばらくお別れです。
それにしても楽しかったな、今回の旅も……余韻にひたっていると、
ハタとお土産を買っていないことに気づきました！
あらあら大変、と一瞬ひやりとしましたが、
大丈夫。そんな時の味方が、新幹線駅構内にある「舞妓」です。
下りホームの東京寄り側のエスカレーター近くにあるこちらの店には、
一保堂茶舗や原了郭、亀屋良長に本田味噌本店……と
京都を代表する名店の品がずらり。
阿闍梨餅だって、いづうの鯖寿司だって買えちゃうんだから。
舞妓を知ってからというもの、余裕を持って改札に入り、お買い物。
鯖寿司とビールも手に入れて、ほくほくしながら新幹線に乗り込みます。

何度来ても、楽しい～

京都駅は
いつも人でいっぱい。

改札を抜けたら
舞妓へ一直線。

京老舗の味 舞《まい》妓《こ》

毎度買うのは
原了郭の七味、
御池煎餅、
一保堂のお茶。

オオヤさんに
連れて行ってもらった
本田味噌本店の
味噌もあります。

正面レジ脇に
お行儀よく並んだ
いづうの鯖寿司。

あっという間に
紙袋で両手がいっぱい。

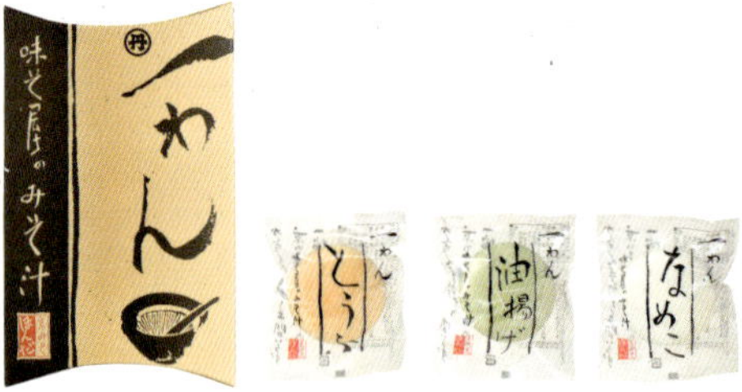

忘れちゃいけない、いつも常備の
本田味噌本店の「一わんみそ汁」。
なめこ、油揚げ、とうふの3種類が入ってます。

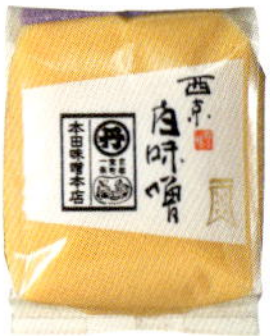

京都らしい
「白味噌」も魅力的。

小さなお土産、原了郭の
ぶぶあられ「あられ香煎」。

ピンク、黄色などの
彩りかわいい麩太の「京麩」。

乾燥湯葉は千丸屋で。
箱に収まった姿がすてき。

お土産にぴったり。愛らしい缶に入った、
原了郭の粉山椒、一味、黒七味。

大好物の黒七味は自分にも。
うどんに、お鍋に、大活躍。

一保堂茶舗のほうじ茶は
ティーバッグもあるんです。

紙筒入りのほうじ茶も
欠かせない。こちらは家用に。

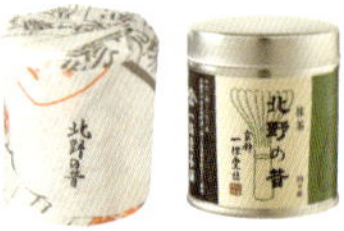

一保堂茶舗のお抹茶。
「北野の昔」は京都限定。

はふっとした口当たりの
御池煎餅は娘の好物。

するがや祇園下里の
飴菓子「美也古衣」。

素朴なお菓子、
亀屋良長の「焼きあずき」。

大人も子どもも
みんな大好き、阿闍梨餅。

荷物の重さも
なんのその！

もう思い残すところなし！
エスカレーターでホームへ。

夕方の新幹線は
意外に混んでる！
いよいよ本当にさようなら。

春は都をどり、秋は紅葉……包み紙の上にかけられるのは、季節ごとに変わる木版刷りのふだ。
この日は祇園祭。ふだから季節を感じることができるのです。地ビールと一緒に。

遅めのおやつ？　早めの晩ご飯？
いづうの鯖寿司、
「いただきま〜す」

おわりに

旅に出るとつい「せっかくだから」とあれもこれもと予定を詰め過ぎ、帰る頃にはクタクタ。そのあげく「私、京都で何してたんだっけ?」……なんてこともしばしばだった私。これでは旅の余韻にひたるどころではありませんよね。
京都をゆったり過ごすことの楽しさを教えてくれたのは、じつは中学生の娘でした。それはふたりでハイアットに滞在した時のこと。チェックインして部屋に入ったのもつかの間、ソワソワし出し、近くのお寺やお店に出かけようとする私に、ベッドでごろりとしていた娘がひと言。
「せっかく気持ちのいいところにいるんだから、本読んだりして、ゆっくりしようよ。夜ごはんもホテルの中で食べようよ」
!?　そうか。同じ「せっかく」でも意味合いが全然違う。目からウロコとはまさにこのことです。その日は娘の言葉にしたがって、ホテルでのんびり。翌日、ホテルを後にする頃には、身も心もすっかり休まって、ものすごい充実感。ああ、こうい

う時間の過ごし方こそ、大人なのだなぁと思ったのです（それを教えてくれたのは娘なのですけれど）。
けれども。あっち行き、こっち行き、旅ならではの高揚感を押し隠すことなく、京都の街を闊歩する「せっかく京都」もやっぱり捨てがたい。ハタと我に返った時、思わず恥ずかしくなることもありますが、それはそれでまた楽し。
大人になったからこその「ゆったり京都」と、前のめりに駆けめぐる「せっかく京都」。どう過ごすかは時と場合によって変わりますが、どちらもとっても楽しいもの。家に帰った翌日に「ああ、楽しかったな。また行きたいな」なんて、余韻にひたれるようにバランスを取りながら旅を過ごすことこそ、大人なのかしら……?
なんて思う今日この頃です。

伊藤まさこ

map ①京都市広域

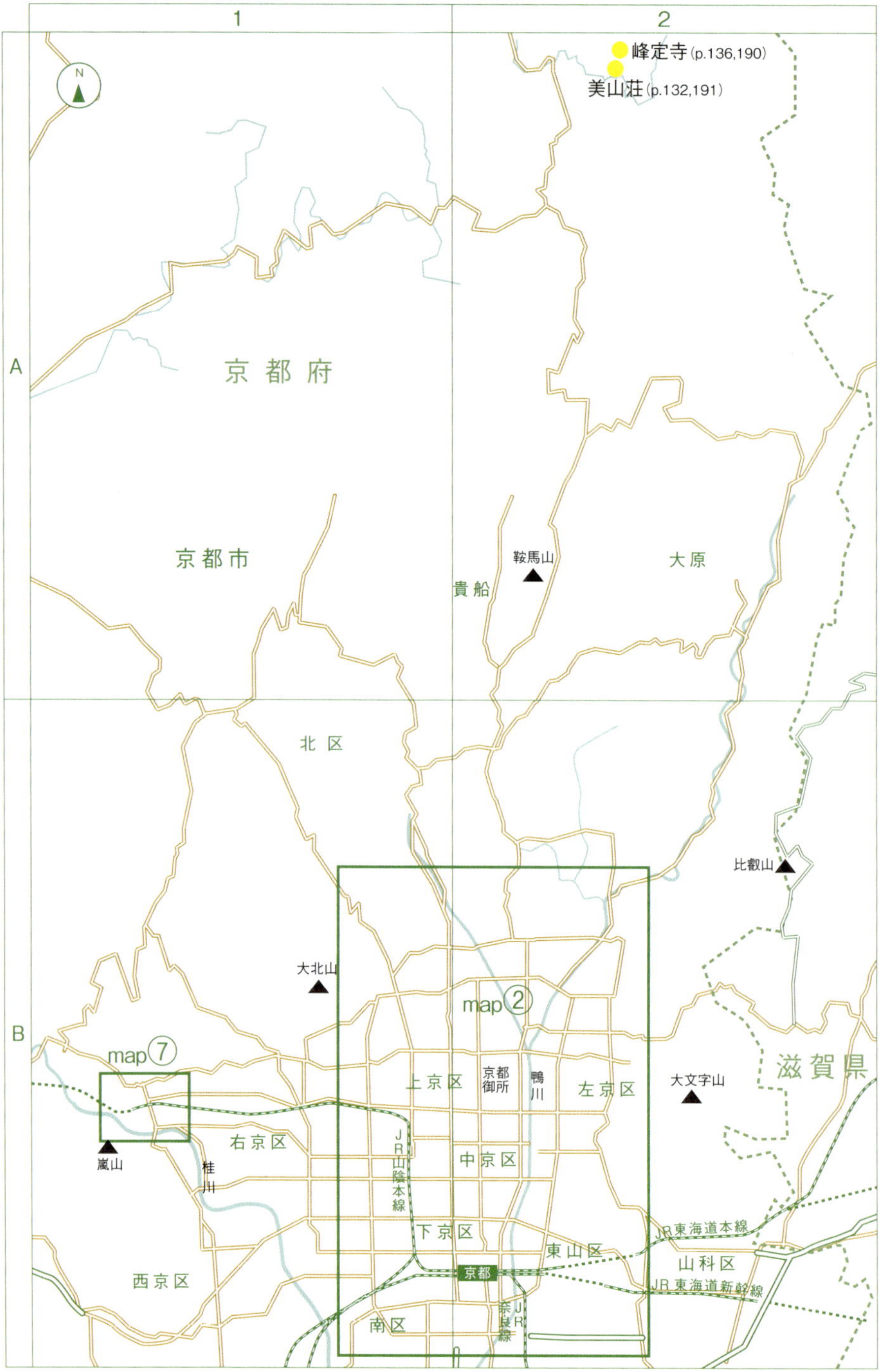
1
2
A
B
N
峰定寺(p.136,190)
美山荘(p.132,191)
京都府
京都市
鞍馬山
貴船
大原
北区
比叡山
大北山
map②
map⑦
上京区
京都御所
鴨川
左京区
大文字山
滋賀県
右京区
嵐山
桂川
中京区
JR山陰本線
下京区
東山区
JR東海道本線
山科区
京都
JR東海道新幹線
西京区
南区
JR奈良線

map ②京都市拡大

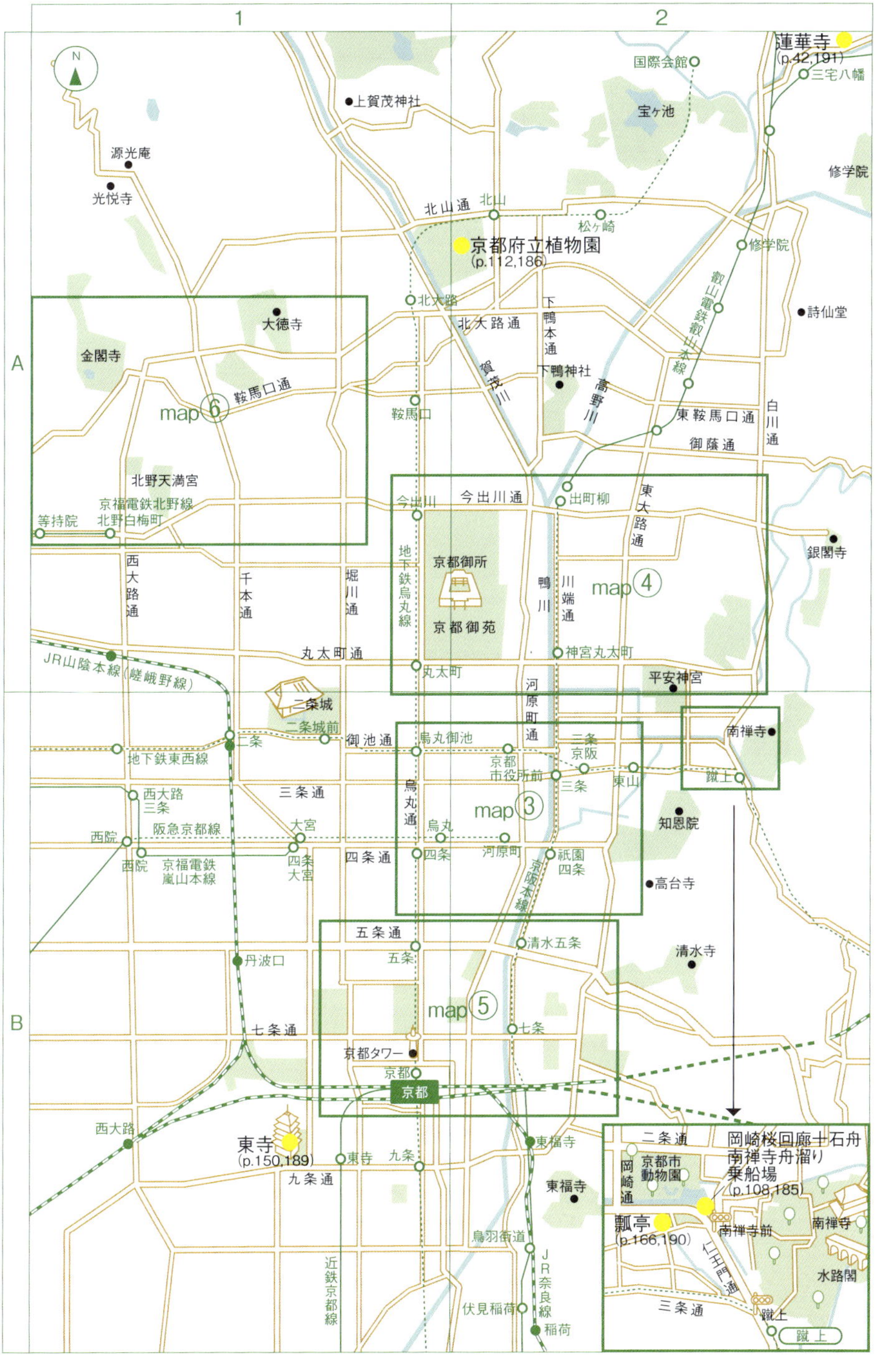
1
2
A
B
N
蓮華寺
(p.42,191)
国際会館
三宅八幡
上賀茂神社
宝ヶ池
源光庵
修学院
光悦寺
北山通
北山
松ヶ崎
京都府立植物園
(p.112,186)
修学院
北大路
大徳寺
北大路通
下鴨本通
詩仙堂
金閣寺
叡山電鉄叡山本線
賀茂川
下鴨神社
高野川
鞍馬口通
map ⑥
鞍馬口
東鞍馬口通
白川通
御蔭通
北野天満宮
今出川通
出町柳
東大路通
京福電鉄北野線
今出川
等持院
北野白梅町
銀閣寺
京都御所
西大路通
千本通
堀川通
地下鉄烏丸線
鴨川
川端通
map ④
京都御苑
丸太町通
神宮丸太町
JR山陰本線（嵯峨野線）
丸太町
平安神宮
河原町通
二条城
二条城前
御池通
烏丸御池
二条
二条京阪
南禅寺
地下鉄東西線
京都市役所前
三条
東山
蹴上
西大路三条
三条通
烏丸通
map ③
知恩院
阪急京都線
大宮
西院
烏丸
河原町
四条通
四条
祇園四条
京阪本線
西院
京福電鉄嵐山本線
四条大宮
高台寺
五条通
清水五条
清水寺
五条
丹波口
map ⑤
七条通
七条
京都タワー
京都
京都
西大路
東寺
(p.150,189)
東寺
九条
九条通
東福寺
東福寺
鳥羽街道
近鉄京都線
JR奈良線
伏見稲荷
稲荷
二条通
岡崎桜回廊十石舟
南禅寺舟溜り
乗船場
(p.108,185)
岡崎通
京都市動物園
瓢亭
(p.166,190)
南禅寺前
南禅寺
仁王門通
水路閣
三条通
蹴上
蹴上

map ③京都中心

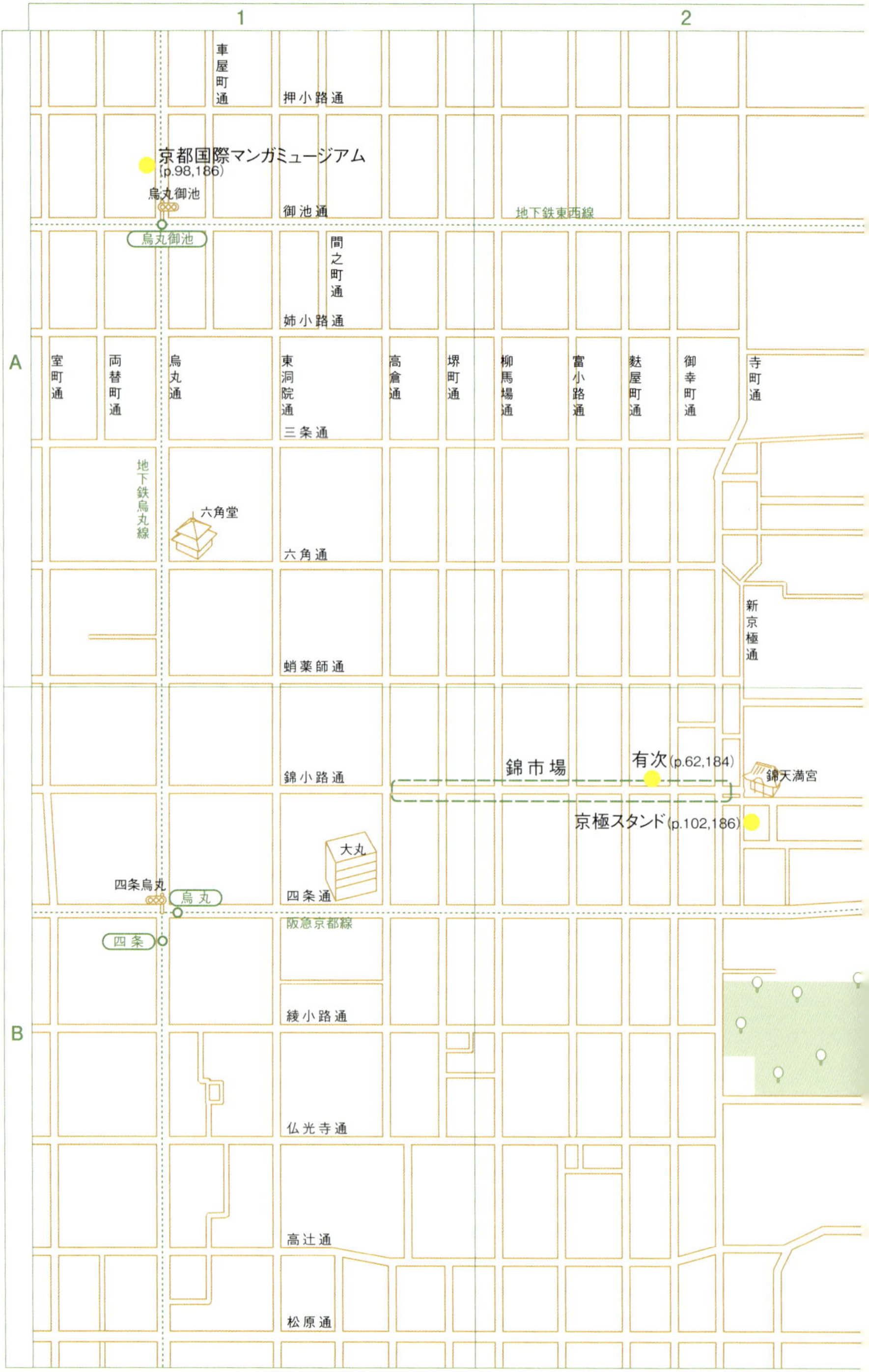
1
2
A
B
車屋町通
押小路通
京都国際マンガミュージアム
(p.98,186)
烏丸御池
御池通
地下鉄東西線
烏丸御池
間之町通
姉小路通
室町通
両替町通
烏丸通
東洞院通
高倉通
堺町通
柳馬場通
富小路通
麩屋町通
御幸町通
寺町通
三条通
地下鉄烏丸線
六角堂
六角通
新京極通
蛸薬師通
錦小路通
錦市場
有次(p.62,184)
錦天満宮
京極スタンド(p.102,186)
大丸
四条烏丸
烏丸
四条通
阪急京都線
四条
綾小路通
仏光寺通
高辻通
松原通

3
4
仁王門通
鴨川
新麩屋町通
新富小路通
京都市役所
河原町通御池
木屋町通
川端御池
京都市役所前
京阪本線
河原町通
川端通
孫橋通
三条通
東山三条
三条京阪
東山
三条
三条大橋
東大路通
若松通
てっさい堂(p.12,188)
Books & Things(p.10,190)
先斗町通
古門前通
菱岩(p.111,190)
知恩院前
RISTORANTE
DEI CACCIATORI
(p.128,191)
竹香(p.15,188)
白川
新門前通
木屋町通
喫茶ソワレ
(p.104,185)
白川南通
何必館・京都現代美術館
(p.6,185)
志る幸(p.66,187)
高瀬川
レストラン菊水
(p.160,191)
大和大路通(縄手通)
花見小路通
いづ重(p.8,184)
河原町
祇園四条
四条通
祇園
八坂神社
(p.9,191)
京都タカシマヤ
京都マルイ
四条大橋
南座
鍵善良房 四条本店
(p.56,185)
東華菜館 本店
(p.116,188)
ZEN CAFE +Kagizen Gift Shop
(p.59,188)
フランソア喫茶室
(p.114,190)
河原町通
月ヶ瀬 祇園店
(p14,188)
建仁寺
河原町仏光寺
川端通
minä perhonen(p.120,191)
minä perhonen arkistot(p.122,191)
minä perhonen galleria(p.124,191)
minä perhonen piece,(p.126,191)

map ④京都御所・百万遍

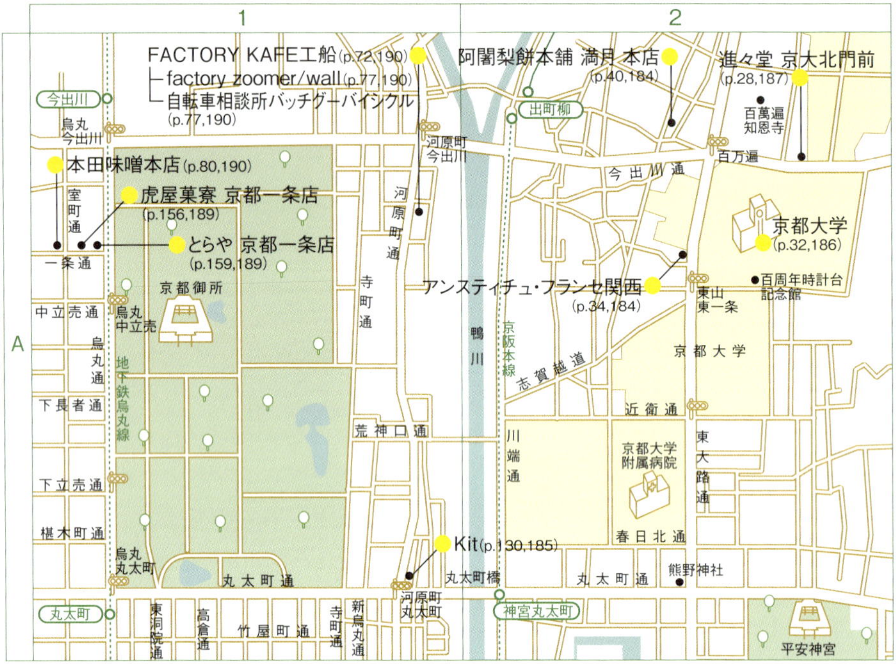

map ⑤五条・京都駅

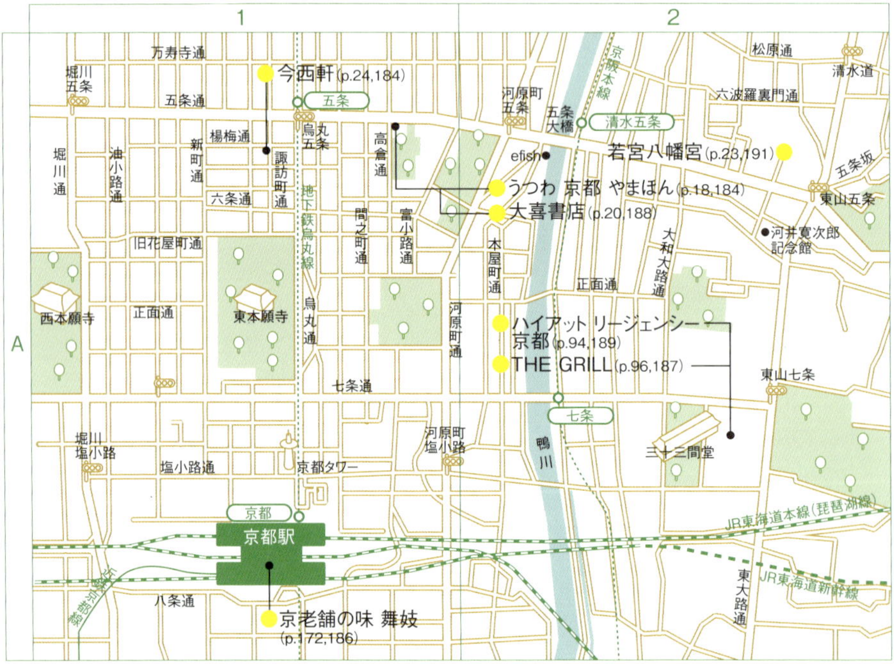

map ⑥西陣・北野天満宮

1
2
A
大北山
佛教大学
大徳寺
大徳寺塔頭 龍源院
(p.145,188)
大徳寺通
金閣寺
千本
北大路
北大路通
堀川
北大路
金閣寺前
船岡山公園
日菓(p.148,189)
紫明通
建勲神社
きぬかけの路
千本通
鞍馬口通
敷地神社
(わら天神)
船岡温泉
上御霊前通
かみ添(p.140,185)
わら天神前
寺之内通
天神川
御前通
七本松通
石像寺
(釘抜地蔵)
浄福寺通
智恵光院通
大宮通
堀川通
静香
(p.92,187)
上立売通
平野神社
こっとう 画餅洞
(p.83,186)
五辻通
西大路通
北野天満宮
千本
今出川
越後家多齢堂
(p.81,185)
白峯神宮
SPINNUTS
(p.89,188)
堀川
今出川
日栄堂(p.82,189)
上七軒
今出川通
西陣織会館
等持院
北野白梅町
西陣 江戸川
(p.88,189)
笹屋町通
茶洛(p.144,187)
京福電鉄北野線

map ⑦嵐山

1
2
A
大覚寺門前
清凉寺
釈迦堂清滝道
厭離庵(p.52,185)
愛宕道
二尊院
落柿舎
ジオラマ京都JAPAN
(p.54,187)
丸太町通
常寂光寺
嵯峨嵐山
JR山陰本線
トロッコ嵯峨
嵯峨野観光鉄道
嵯峨野
トロッコ列車
(p.48,187)
トロッコ嵐山
嵐山 たなか(p.93,184)
鹿王院
嵐電嵯峨
京福電鉄嵐山本線
嵐山
公園
天龍寺
嵐山
渡月橋
三条通
清滝道
三条
桂 川(保津川)
渡月橋
嵐山
公園
嵐山

散歩で行ったところリスト

（データは2013年9月現在のものです。特に明記されていない場合、価格は税［5%］込みの価格となります。最寄りのバス停は代表的な系統でのご案内となります。近隣に複数の駅、バス停があるエリアは代表的なもののみ掲載しています）

【あ行】

阿闍梨餅本舗《あじゃりもちほんぽ》 満月《まんげつ》 本店《ほんてん》 —— p.40／map ④-A-2

京都市左京区田中大堰町139
（左京区鞠小路通今出川上ル）
☎075-791-4121　0120-24-7373
URL　http://www.ajyarimochi.com
営業時間　9:00〜18:00
休み　水曜、不定休
アクセス　京阪・叡山電鉄「出町柳」から徒歩約8分、市バス17、201、203、206系統「百万遍」から徒歩約2分
●阿闍梨餅は1個¥105、10個（箱入り）¥1155〜、竹籠入（18個入り、本店以外は要予約）¥2730。白小豆のこしあんを使った「満月」は本店のみの販売（1個¥263〜、土曜、日曜、祝日限定）。

嵐山《あらしやま》 たなか —— p.93／map ⑦-A-2

京都市右京区嵯峨天龍寺今堀町4-1
☎075-861-0587／075-862-5850
URL　http://www.arashiyama-tanaka.jp
営業時間　9:00〜18:00
休み　火曜（季節によって変更することも。要確認）
アクセス　JR山陰本線嵯峨野線「嵯峨嵐山」から約3分、京福電鉄嵐山本線「嵐電嵯峨」から徒歩約2分、市バス93系統「嵐山天龍寺前」から徒歩約6分
●お惣菜各種の他、炭焼うなぎ¥2500、うなぎ茶漬け¥1260など、お取り寄せ可能な真空パック商品多数。他にえび豆¥330、地鶏コロッケ12個入り¥900、すっぽんスープ1瓶¥1600なども。

有次《ありつぐ》 —— p.62／map ③-B-2

京都市中京区鍛冶屋町219
（中京区錦小路通御幸町西入ル）
☎075-221-1091
営業時間　9:00〜17:30
休み　1月1日、2日
アクセス　阪急「河原町」から徒歩約5分、地下鉄烏丸線「四条」から徒歩約10分。バス停は「四条河原町」など
●庖丁の研ぎや修理など、気軽に応相談。料理教室・魚のおろし方教室・庖丁の研ぎ方教室などを開催している。

アンスティチュ・フランセ関西《かんさい》 —— p.34／map ④-A-2

京都市左京区吉田泉殿町8（左京区東一条上ル西側）
☎075-761-2105（代）／075-761-2180（ル・カフェ直通）
URL　http://www.institutfrancais.jp/kansai
開館時間　受付・メディアテーク9:30〜19:00（土曜〜18:30、日曜〜15:00）
カフェ11:00〜19:00（日曜〜15:00、食事は11:30〜、LOは閉店30分前）
休み　月曜、祝日
アクセス　京阪・叡山電鉄「出町柳」から徒歩約12分、市バス31、65、201、206系統「京大正門前」、京都バス18系統「東一条」からすぐ
●メディアテークの資料は閲覧自由。クラブ・フランス会員に登録すると貸出も可能に。

いづ重《じゅう》 —— p.8／map ③-B-4

京都市東山区祇園町北側292-1（東山区祇園石段下）
☎075-561-0019
URL　http://www.kyoto-wel.com/shop/S81113/
営業時間　10:00〜19:00
休み　水曜（祝日の場合は翌木曜）
アクセス　京阪「祇園四条」から徒歩約5分、バス亭は「祇園」「四条京阪前」など
●鯖をはじめ、ぐぢ、はも、鮎、小鯛などの棒寿司や箱寿司、いなり寿司などがあり、各種組み合わせができる。持ち帰りは鯖姿寿司¥2000（1人前）、¥4000（1本）、ぐぢ姿寿司¥4000（1人前）、巻寿司¥800など。

今西軒《いまにしけん》 —— p.24／map ⑤-A-1

京都市下京区横諏訪町312
（下京区烏丸五条西入ル一筋目下ル）
☎075-351-5825
営業時間　9:30〜売り切れまで
休み　火曜、第1・3・5月曜（7〜8月は月曜、火曜定休）
アクセス　地下鉄烏丸線「五条」から徒歩約1分、市バス26、80系統「烏丸五条」から徒歩約1分
●数量限定で予約も受け付ける。おはぎはこし、つぶ、きなこの3種で各¥170。ゆであずき「あんてぃーく」は¥840。

うつわ 京都《きょうと》 やまほん —— p.18／map ⑤-A-1

京都市下京区堺町21 Jimukino-Ueda bldg 301
（下京区五条高倉角）
☎075-741-8114
URL　http://www.gallery-yamahon.com/kyoto
営業時間　11:00〜18:30
休み　不定休（展示替期間中）
アクセス　地下鉄烏丸線「五条」から徒歩約3分、京阪「清水五条」から徒歩約10分、市バス80系統「五条高倉」から徒歩約1分
●「くらしの中で使い続けたくなるモノ」をテーマに、陶芸を中心とした作家の企画展を開催。常設は陶磁器、木工、ガラスなど。

越後家多齢堂《えちごやたれいどう》 ── p.81／map ⑥-A-2

京都市上京区般舟院前町133
（上京区今出川通千本東入ル北側）
☎075-431-0289
URL　http://www.echigoya-kasutera.com
営業時間　9:00～18:00
休み　水曜、第3火曜
アクセス　京福電鉄北野線「北野白梅町」から徒歩約16分、市バス201、203、50、59系統「千本今出川」から徒歩約2分
●カステラは紙箱入り6cm×11cm（¥600）から22cm×36cm（¥5800）まで全9サイズ。木箱入りは22cm×24cm（¥5000）～。寿の字の焼き菓子付きの婚礼用は12cm×22cm（¥2300）～。

厭離庵《えんりあん》 ── p.52／map ⑦-A-1

京都市右京区嵯峨二尊院門前善光寺山町2
☎075-861-2508
拝観時間　9:00～16:00
公開期間　11月1日～12月7日のみ（その他の時期は要予約）
拝観料　¥500程度（志納）
アクセス　京福電鉄嵐山本線「嵐山」から徒歩約15分、市バス28、91系統「嵯峨釈迦堂」下車、徒歩約10分

岡崎桜回廊十石舟《おかざきさくらかいろうじっこくぶね》めぐり ── p.108／map ②-B-2

京都市左京区南禅寺草川町
☎075-321-7696（京都府旅行業協同組合）
／080-6158-9703（乗船所直通）
URL　http://kyoto-tabi.or.jp/jikkokufune.html
期間　3月下旬～5月上旬（不定）
運行時間　9:30～16:30（15分毎に出発、受付開始9:00）
料金　大人¥1000、小・中学生¥500、3歳以上の幼児¥300
運行コース　南禅寺舟溜り乗船場～夷川ダムの往復（所要時間は25分、途中乗降不可）
アクセス　地下鉄東西線「蹴上」から徒歩約7分、市バス5、57、100系統「京都会館美術館前」から徒歩約10分
●基本は15分毎に出発（閑散時及び4月中旬以降の平日は30分毎に運航）。繁忙期には、8:45～17:30まで運航する場合もある（受付開始は8:30）。期間限定で夜間運行（～20:30）も。運行状況は年によって異なるので確認を。

【か行】

鍵善良房《かぎぜんよしふさ》 四条本店《しじょうほんてん》 ── p.56／map ③-B-4

京都市東山区祇園町北側264
☎075-561-1818
URL　http://www.kagizen.co.jp
営業時間　9:00～18:00（喫茶は9:30～17:45LO）
休み　月曜（祝日の場合は翌日）
アクセス　京阪「祇園四条」から徒歩約3分、バスは「祇園」「四条京阪前」など
●四条本店、高台寺店、ZEN CAFE +Kagizen Gift Shopの3店。くずきり¥900（本店と高台寺店での扱い）。おうす生菓子付き¥800、わらび餅¥800（本店のみの扱い）。おしるこ（¥700）など冬期メニューもある。

何必館《かひつかん》・京都現代美術館《きょうとげんだいびじゅつかん》 ── p.6／map ③-B-4

京都市東山区祇園町北側271
☎075-525-1311（代）
URL　http://www.kahitsukan.or.jp
開館時間　10:00～17:30（最終入館17:00※企画展により異なる場合がある）
休み　月曜、年末年始、展示準備期間
入館料　大人¥1000、学生¥800
アクセス　京阪「祇園四条」から徒歩約3分、阪急「河原町」から徒歩約5分、バスは「祇園」「四条京阪前」など
●年に数回、全館を使って特別企画展を開催。

かみ添《そえ》 ── p.140／map ⑥-A-2

京都市北区紫野東藤ノ森町11-1
☎075-432-8555
URL　http://kamisoe.com
営業時間　11:00～18:00
休み　月曜、不定休
アクセス　地下鉄烏丸線「鞍馬口」から徒歩約15分、市バス101、205系統「大徳寺前」から徒歩約5分
●封筒付きポストカード¥500、便箋セット¥1200、ポチ袋（3枚入り）¥1000など。襖、壁紙などは応相談。

喫茶《きっさ》ソワレ ── p.104／map ③-B-3

京都市下京区真町95（下京区西木屋町四条上ル真町95）
☎075-221-0351
営業時間　12:00～22:00
（土曜、祝前日～22:30。LOは閉店30分前）
休み　月曜（祝日の場合は翌火曜）
アクセス　阪急「河原町」から徒歩約1分、京阪「祇園四条」から徒歩約5分、バスは「四条河原町」ほか
●コーヒー各種¥550～、ゼリーポンチ¥650など。

Kit《キット》 ── p.130／map ④-A-1

京都市上京区桝屋町367
（上京区河原町通丸太町上ル桝屋町367）
☎075-231-1055
URL　http://kit-s.info
営業時間　11:00～20:00
休み　無休（臨時休業あり）
アクセス　京阪「神宮丸太町」から徒歩約5分、バスは「河原町丸太町」、「荒神口」など
●焼き菓子などの食品を販売するイベントも時々開催。詳しくはHPで。

京極《きょうごく》スタンド　―― p.102／map ③-B-2

京都市中京区中之町546
(中京区新京極通四条上ル中之町546)
☎075-221-4156
URL　http://ss-max-777.ddo.jp
営業時間　12:00～21:00(LO)
休み　火曜
アクセス　阪急「河原町」から徒歩約2分、京阪「祇園四条」から徒歩約7分、バスは「四条河原町」ほか

●創業時から受け継がれている定番のラーメン(¥500)やおでん(¥550)、進化したオムデミグラスソース丼(¥700)はじめ、ポテトサラダ(¥450)や豚の天ぷら(¥600)など、和洋中、定食、ごはんものなどメニューは100種類。

京老舗《きょうしにせ》の味《あじ》 舞妓《まいこ》　―― p.172／map ⑤-A-1

京都市下京区東塩小路高倉町8-3 京都駅新幹線改札内
☎075-693-5560
営業時間　7:00～21:00
休み　無休

●原了郭、村山造酢、澤井醤油本店などの調味料や一保堂茶舗のお茶、京銘菓各種だけでなく、生麩や味噌、お漬物まで、京都で100年以上の歴史を持つ老舗の商品がそろう。お弁当コーナーもある。

京都《きょうと》国際《こくさい》マンガミュージアム　―― p.98／map ③-A-1

京都市中京区金吹町452
(中京区烏丸通御池上ル元龍池小学校)
☎075-254-7414(代)
URL　http://www.kyotomm.jp
開館時間　10:00～18:00(最終入館17:30)
休み　水曜(祝日の場合は翌日)、年末年始、メンテナンス期間
利用料金　大人¥800、中高生¥300、小学生¥100(特別展は別途、特別展観覧料が必要)
アクセス　地下鉄烏丸線・東西線「烏丸御池」から徒歩約2分、市バス15、51、65系統、京都バス61、62、63系統「烏丸御池」からすぐ

●「ミュージアムカフェ えむえむ」では軽食や喫茶、展覧会に合わせた期間限定のメニューなどが楽しめる。特別展など大きな企画展は年に3～4回、研究会、イベント、展示は随時、各種開催。詳しくはHPで。

京都《きょうと》大学《だいがく》　―― p.32／map ④-A-2

【吉田キャンパス・本部構内】
京都市左京区吉田本町
☎075-753-7531(代)
URL　http://www.kyoto-u.ac.jp/ja
アクセス　京阪・叡山電鉄「出町柳」から徒歩約10分、市バス「百万遍」(系統多数)、「京大正門前」(201系統)、「京大農学部前」(17系統)からすぐ

【一般利用できるおもな施設】

＊インフォメーション(正門横)
開館時間　8:30～17:00
休み　土曜、日曜、祝日、12月28日～1月3日、創立記念日(6月18日)、夏季休業あり

＊百周年時計台記念館
開館時間　9:00～21:30
休み　12月28日～1月3日

＊カフェレストラン カンフォーラ
☎075-753-7628
営業時間　11:00～22:00
(土曜、日曜、祝日～15:00。LOは閉店30分前
※大学の長期休暇中は短縮営業となるので要確認)
休み　年末年始

●京都大学には「吉田」「宇治」「桂」の3つのキャンパスがあり、吉田キャンパスは7つの構内に分かれている。今回お邪魔したのはメインキャンパスの「本部構内」。本部構内の門は全部で6つあり、表門のみ終日開門、それ以外は時間帯、曜日によっては閉門している。バスは7つの構内ごとに下車する停留所が異なるので事前に確認を。

京都《きょうと》府立植物園《ふりつしょくぶつえん》　―― p.112／map ②-A-2

京都市左京区下鴨半木町
☎075-701-0141
開園時間　9:00～17:00(最終入園16:00)
温室観覧時間　10:00～16:00(最終入室15:30)
休園日　12月28日～1月4日
入園料　大人¥200、高校生¥150
温室観覧料　大人¥200、高校生¥150
アクセス　地下鉄烏丸線「北山」3番出口からすぐ、京都バス32、34、35系統、市バス1系統「植物園前」から徒歩約5分

●面積24ヘクタールの敷地に約12000種類、約12万本の植物が植えられている。3月下旬から4月中旬ごろ、桜の開花に合わせて日没から21時まで(入園は20時まで)ライトアップ。開催時期は要確認(入園時間は20時まで延長)。

こっとう 画餅洞《わひんどう》　―― p.83／map ⑥-A-2

京都市上京区西上善寺町190-16
(上京区今出川通六軒町西入ル)
☎075-467-4400
URL　http://www.wahindo.jp
営業時間　昼ごろ～19:00
休み　ほぼ無休(臨時休業、営業時間の変動等あり、電話で確認を)
アクセス　京福電鉄北野線「北野白梅町」から徒歩約12分、市バス203、10、50系統「上七軒」から徒歩約1分、市バス201、50、59系統「千本今出川」から徒歩約3分

●日本各地のアンティークショップが集合する東京の「目白コレクション」に春と秋に出店している。

【さ行】

嵯峨野《さがの》トロッコ列車《れっしゃ》／嵯峨野観光鉄道

── p.48／map ⑦-A-1, 2

☎075-861-7444(自動音声)／075-871-3997(直通)

URL　http://www.sagano-kanko.co.jp

運転区間　トロッコ嵯峨〜トロッコ嵐山〜トロッコ保津峡〜トロッコ亀岡

運転期間　3月1日〜12月29日

運行時間　8:20〜17:20(列車は1時間に1本、季節により夕方に臨時列車運転)

列車本数　1日8往復16本

休み　水曜(祝日、春休み、GW、夏休み、紅葉の時期は水曜も運転)

運賃　大人¥600、小人¥300／片道

●当日券は乗車駅で先着順で販売。前売り券は乗車日の1カ月前〜発車前までJR西日本の主な駅の『みどりの窓口』または全国の主な旅行会社で販売。

THE GRILL《ザ グリル》 ── p.96／map ⑤-A-2

京都市東山区三十三間堂廻り町644-2 ハイアット リージェンシー 京都1階

☎075-541-3203(レストラン予約)

URL　http://kyoto.regency.hyatt.jp

営業時間　朝6:30〜11:00(ブッフェ6:30〜10:30)
昼11:30〜14:30
夜17:30〜22:00(LO21:30)

休み　無休

アクセス　京阪「七条」から徒歩約8分、市バス206、208系統「博物館三十三間堂前」からすぐ

●朝食は洋食ブッフェ(¥3289 税・サ込)の他に和朝食、アラカルト・メニューもある。

茶洛《さらく》 ── p.144／map ⑥-A-2

京都市上京区元北小路町147
(上京区今出川大宮西入ル元北小路町147)

☎075-431-2005

URL　http://www.saraku.jp

営業時間　11:00〜売り切れまで

休み　水曜、木曜

アクセス　市バス59、201、203系統「今出川大宮」から徒歩約1分、地下鉄烏丸線「今出川」から徒歩約20分

●わらびもちは抹茶とニッキまたは抹茶としょうがの2種詰で10個入り¥800〜。あんみつ(¥400)、ところてん(¥300)、2日ほど日持ちがするお土産用京わらびもち(¥1000〜)も。

ジオラマ京都《きょうと》 JAPAN《ジャパン》 ── p.54／map ⑦-A-2

京都市右京区嵯峨天龍寺車道町 嵯峨野観光鉄道株式会社内

☎075-882-7432

URL　http://www.sagano-kanko.co.jp/dioramakj

営業時間　9:00〜17:30(最終入場17:00)

営業期間　3月1日〜12月29日

休み　水曜(祝日、春休み、GW、夏休み、紅葉の時期には水曜も開館)

入場料　大人¥500、小学生¥300
(トロッコ列車の乗車券の提示で¥100引き)

アクセス　JR山陰本線嵯峨野線「嵯峨嵐山」、嵯峨野トロッコ列車「トロッコ嵯峨」すぐ、市バス93系統「嵯峨嵐山駅前」すぐ

●本物の機関車の運転台から鉄道模型を運転できる体験アトラクションは15分¥1000。

静香《しずか》 ── p.92／map ⑥-A-2

京都市上京区南上善寺町164
(上京区千本今出川通西入ル南側)

☎075-461-5323

営業時間　8:00〜19:00

休み　第2・4日曜(25日の場合は営業)

アクセス　京福電鉄北野線「北野白梅町」から徒歩約13分、市バス201、203、59系統「千本今出川」から徒歩約1分、203、10、50系統「上七軒」から徒歩約5分

●珈琲、ミルク珈琲、紅茶、ココア各¥350。ミルクセーキ(¥400)やクリーム珈琲(¥500)なども。ホットケーキ¥350、サンドウィッチ各種¥450〜。

志《し》る幸《こう》 ── p.66／map ③-B-3

京都市下京区真町100
(下京区四条河原町上ル一筋目東入ル)

☎075-221-3250

URL　http://www.shirukou.jp/

営業時間　11:30〜15:00、
17:00〜21:00(LOは閉店30分前)

休み　水曜(祝日の場合は営業)、不定休

アクセス　阪急「河原町」から徒歩約2分、京阪「祇園四条」から徒歩約3分、バスは「四条河原町」下車

●かやくごはんに、鶏肉の旨煮や焼き魚、煮物などのつまみ肴、味噌汁がつく「利久辨當」は¥2415〜。味噌汁は白、赤、すましから選べ、具材によって値段が変わる。味噌汁は¥525〜。小鉢、お造り、炊きものなどの一品料理は¥525〜。

進々堂《しんしんどう》 京大北門前《きょうだいきたもんまえ》 ── p.28／map ④-A-2

京都市左京区北白川追分町88

☎075-701-4121

営業時間　8:00〜18:00(LO17:45)

休み　火曜

アクセス　京阪・叡山電鉄「出町柳」から徒歩約10分、市バス17、201、203、206系統「百万遍」から徒歩約5分

●カフェ¥350、プチ・デジュネ(朝食)セット¥500〜。

SPINNUTS《スピナッツ》 —— p.89／map ⑥-A-1

京都市北区等持院南町46-6
☎075-462-5966
URL　http://www.spinnuts.kyoto.jp
営業時間　10:00〜18:00
休み　土曜、日曜、祝日
アクセス　京福電鉄北野線「等持院」から徒歩約5分、市バス26、10系統「等持院道」から徒歩約3分
●注文はHPまたは☎で。来店希望者は要予約（来店受付10:00〜12:00、13:00〜18:00）。ワークショップの詳細はHPで。

ZEN《ゼン》 CAFE《カフェ》 + Kagizen《カギゼン》 Gift《ギフト》 Shop《ショップ》

—— p.59／map ③-B-4
京都市東山区祇園町南側570-210
☎075-533-8686
URL　http://www.kagizen.co.jp
営業時間　10:00〜18:00（カフェは11:00〜17:30LO）
休み　月曜（祝日の場合は翌日）
アクセス　京阪「祇園四条」から徒歩約3分、バスは「四条京阪前」「祇園」など
●上生菓子¥600（セット¥1200）、季節のお菓子¥800（セット¥1500）、特製くずもち¥800（セット¥1500）など。

【た行】

大喜書店《だいきしょてん》 —— p.20／map ⑤-A-1

京都市下京区堺町21 Jimukino-Ueda bldg 302
（下京区五条高倉角）
☎075-353-7169
URL　http://daikibookstore.com
営業時間　12:00〜18:30（土曜、日曜、祝日11:00〜）
休み　水曜
アクセス　地下鉄烏丸線「五条」から徒歩約3分、京阪「清水五条」から徒歩約10分、市バス80系統「五条高倉」から徒歩約1分

大徳寺塔頭《だいとくじたっちゅう》 龍源院《りょうげんいん》 —— p.145／map ⑥-A-2

京都市北区紫野大徳寺町82-1
☎075-491-7635
拝観時間　9:00〜16:30
拝観料　大人¥350
休み　不定休
アクセス　市バス205、1、12、101、102系統「大徳寺前」から徒歩約5分
●方丈、唐門、表門は創建当時のままで、大徳寺山内でも最古の建物。重要文化財に指定されている。

竹香《たけか》 —— p.15／map ③-B-4

京都市東山区橋本町390
（東山区新橋通花見小路西入ル橋本町390）
☎075-561-1209
営業時間　17:00〜20:45
休み　火曜
アクセス　京阪「祇園四条」から徒歩約5分、バスは「祇園」「四条京阪前」「三条京阪前」下車
●ふかひれスープ¥950、シュウマイ¥500、蝦かやく巻き揚げ¥800、やき豚入りそば¥650など。コース料理もあり。1階がテーブル席と桟敷席、2階は座敷になっている。

月ヶ瀬《つきがせ》 祇園店《ぎおんてん》 —— p.14／map ③-B-3

京都市東山区祇園町南側584
（東山区四条通大和大路東入ル8軒目）
☎075-525-2131
URL　http://www.tsukigase.jp
営業時間　12:00〜19:00
休み　水曜（祝日の場合は翌木曜）、第1木曜
アクセス　京阪「祇園四条」から徒歩約2分、バスは「四条京阪前」下車
●あんみつ¥750、抹茶クリームみつまめ¥880、ところてん¥700他。10〜4月にはぜんざい（¥850）などの冬メニュー、5〜9月にはかき氷（¥750〜）などの夏メニューも。持ち帰りはあんみつ（¥500）など。堺町通、髙島屋京都店にも支店あり。

てっさい堂《どう》 —— p.12／map ③-A-3

京都市東山区元町371-3
（東山区古門前通大和大路東入ル元町371-3）
☎075-531-2829
営業時間　10:00〜18:00
休み　年末年始
アクセス　京阪「三条」、地下鉄東西線「三条京阪」から徒歩約3分、バスは「三条京阪前」下車
●豆皿、そば猪口などの小ぶりな物から古伊万里の大皿まで、手頃な物から逸品まで、幅広い品ぞろえ。現代の感覚で使えるようセレクトされた籠やガラス器、帯留めなど、焼きもの以外も充実。

東華菜館《とうかさいかん》 本店《ほんてん》 —— p.116／map ③-B-3

京都市下京区斎藤町140-2
（下京区四条大橋西詰）
☎075-221-1147
URL　http://www.tohkasaikan.com
営業時間　11:30〜21:30（LO21:00）
休み　無休
アクセス　京阪「祇園四条」から徒歩約1分、阪急「河原町」から徒歩約1分、バスは「四条河原町」など
●前菜の盛り合わせ¥3150、カニ入りフカヒレスープ¥2630、

水餃子¥1050など、50種以上のアラカルトメニューがそろう。コースは¥5250〜。休憩時間なし、通しで営業。個室の利用は前日までに要予約。

東《とう》寺《じ》 —— p.150／map ②-B-1

京都市南区九条町1
☎075-691-3325
拝観時間　8:30〜17:30
（9月20日〜3月19日は〜16:30、最終受付は30分前）
拝観料　¥500
アクセス　JR・近鉄「京都」から徒歩約15分、近鉄「東寺」から徒歩約10分、市バス207系統「東寺東門前」、202系統「東寺南門前」からすぐ

【弘法市】
開催日　毎月21日
開催時間　5:00ごろ〜16:00ごろ
開催場所　東寺境内（京都市南区九条町1）
☎0774-31-5550（運営委員会）
URL　http://www.touji-ennichi.com
◉弘法市の出店は季節や月によって異なるが、骨董や古着などの古物、雑貨、衣類、食料品、菓子類、植木など様々。

虎《とら》屋《や》菓寮《かりょう》 京《きょう》都《と》一条店《いちじょうてん》 —— p.156／map ④-A-1

京都市上京区広橋殿町400（上京区一条通烏丸西入ル）
☎075-441-3113
URL　http://www.toraya-group.co.jp
営業時間　10:00〜18:00（LO17:30）
休み　1月1日、2月の第2火曜（祝日の場合は翌日）
アクセス　地下鉄烏丸線「今出川」から徒歩約7分、市バス201、203、51系統「烏丸今出川」から徒歩約7分
◉かき氷（¥1113〜。ハーフサイズもあり）、冷し汁粉（¥1260）などは5月〜9月中旬、煎り青大豆ご飯は6月1日〜9月30日の期間限定メニュー。季節の生菓子のセット¥1071〜、羊羹セット¥1040〜。

とらや 京《きょう》都《と》一条店《いちじょうてん》 —— p.159／map ④-A-1

京都市上京区広橋殿町（上京区烏丸通一条角）
☎075-441-3111
URL　http://www.toraya-group.co.jp
営業時間　9:00〜19:00（土曜、日曜、祝日は〜18:00）
休み　1月1日、8月最終月曜
アクセス　地下鉄烏丸線「今出川」から徒歩約7分、市バス201、203、51系統「烏丸今出川」から徒歩約7分
◉古都の季節を表したお菓子や京都産の原材料を使用したお菓子など、京都店限定の商品もある。

【な行】

西陣《にしじん》 江《え》戸《ど》川《がわ》 —— p.88／map ⑥-A-2

京都市上京区笹屋四丁目272
（上京区笹屋町通千本西入ル）
☎075-461-4021
営業時間　11:30〜14:00
休み　金曜
アクセス　京福電鉄北野線「北野白梅町」から徒歩約15分、市バス201、203、50、59系統「千本今出川」から徒歩約4分
◉ランチ¥1300〜。

日栄堂《にちえいどう》 —— p.82／map ⑥-A-2

京都市上京区西上善寺町189
（上京区今出川通七本松東入ル北側）
☎075-463-0455
営業時間　11:00〜17:00（売り切れ次第）
休み　金曜
アクセス　京福電鉄北野線「北野白梅町」から徒歩約12分、市バス203、10、50系統「上七軒」から徒歩約1分、201、203、59系統「千本今出川」から徒歩約3分
◉現在、お店の都合により、持ち帰りのみの営業。みたらしだんご1本¥110。

日《にっ》菓《か》 —— p.148／map ⑥-A-2

京都市北区紫野東藤ノ森町11-1
e-mail　nikkakyoto@gmail.com
URL　http://www.nikkakyoto.com
アクセス　地下鉄烏丸線「鞍馬口」から徒歩約15分、市バス101、205系統「大徳寺前」から徒歩約5分
◉工房のため、通常はお菓子の販売をしていない。毎月1回開かれる販売会「月一日菓店」の案内は毎月上旬、HPにアップ予定。オリジナルの意匠菓子の受注は20個〜。注文は2週間以上前にe-mailで。

【は行】

ハイアット リージェンシー 京《きょう》都《と》 —— p.94／map ⑤-A-2

京都市東山区三十三間堂廻り町644-2
☎075-541-1234（ホテル代表）
URL　http://kyoto.regency.hyatt.jp
アクセス　京阪「七条」から徒歩約8分、市バス206、208系統「博物館三十三間堂前」からすぐ
◉ホテル内には「ザ・グリル」の他に「トラットリア セッテ」（イタリアン）や「東山」（炭火焼、和食）などのレストランもある。

菱岩《ひしいわ》 —— p.111／map ③-A-4

京都市東山区西之町213
(東山区新門前通大和大路東入ル西之町213)
☎075-561-0413
営業時間　11:30〜20:30(予約受付)
休み　日曜、最終月曜
アクセス　京阪「三条」から徒歩約5分、バスは「三条京阪前」「祇園」下車
●夏季6〜9月の持ち帰り弁当は休止。折詰弁当¥3150〜、松花堂¥5250〜。

瓢亭《ひょうてい》 —— p.166／map ②-B-2

京都市左京区南禅寺草川町35
☎075-771-4116
URL　http://hyotei.co.jp/
【本店】営業時間　11:00〜19:30(最終入店)
8:00〜10:00　朝がゆ(7月1日〜8月31日)
11:00〜14:00　うずらがゆ(12月1日〜3月15日)
11:00〜19:30　懐石料理(通年)
料金　朝がゆ¥6000、うずらがゆ¥12100
懐石料理(昼)¥23000〜、(夜)¥27000〜
休み　第2、4火曜(月により変動)
【別館】営業時間　8:00〜11:00、12:00〜16:00
8:00〜11:00　朝がゆ(3月16日〜11月30日)、
うずらがゆ(12月1日〜3月15日)
12:00〜16:00　松花堂弁当(通年)
料金　朝がゆ¥4500、うずらがゆ¥4500
松花堂弁当¥5000
休み　木曜
アクセス　地下鉄東西線「蹴上」から徒歩約7分、市バス5、46系統「神宮道」から徒歩約10分

FACTORY《ファクトリー》 KAFE《カフェ》 工船《こうせん》 —— p.72／map ④-A-1

京都市上京区梶井町448清和テナントハウス2階G号室
(上京区河原町通り今出川下ル東側)
☎075-211-5398
URL　http://d.hatena.ne.jp/kafekosen
営業時間　11:00〜21:00
休み　火曜
アクセス　京阪・叡山電鉄「出町柳」から徒歩約5分、市バス「河原町今出川」から徒歩約2分
●ホットコーヒー、アイスコーヒー、カフェオレ各¥500、カフェフロート¥600。コーヒーは店主の瀬戸更紗さんとオオヤミノルさんが共同で焙煎したもの。メニューとなっている世界地図から産地(豆の煎り具合は4段階で表示)、あっさり・こってりを選ぶ。お茶(¥500〜)やショコラショ(¥600)、シードル(¥1000)などもある。カフェ横に自転車屋「バッチグーバイシクル」、ガラス作家・辻和美さんの店「factory zoomer/wall」のコーナーがある。ツバメ×cycle号に関するお問い合わせは、新家工業株式会社 輪界営業部(☎06-6253-6317)へ。

峰定寺《ぶじょうじ》 —— p.136／map ①-A-2

京都市左京区花脊原地町772
☎075-746-0036
拝観時間　9:00〜16:00(最終受付15:30)
拝観料　大人(中学生以上)¥500、団体・子供は入山禁止
休み　悪天候時、12月1日〜3月30日
アクセス　地下鉄「北大路」もしくは京阪「出町柳」から京都バス32系統「広河原行」で約1時間40分、「大悲山口」から徒歩約30分(バスは日に3〜4本の運行)
●5月3日から3日間(不定)、9月17日、11月3日から3日間(不定)の年3回、収蔵庫特別拝観日が設けられている。

Books《ブックス》 & Things《シングス》 —— p.10／map ③-A-3

京都市東山区元町375-5
(東山区古門前通大和大路下ル元町375-5)
☎075-744-0555
URL　http://andthings.exblog.jp
営業時間　12:00〜19:00
休み　不定休
アクセス　京阪「三条」、地下鉄東西線「三条京阪」から徒歩約3分、バスは「三条京阪前」「四条京阪前」など
●国内外のアート、建築、デザイン、食、写真関連の本や雑誌を取りそろえる。雑貨はオリジナルプリント、ポスター、男性向けのアンティークの小物など。

フランソア喫茶室《きっさしつ》 —— p.114／map ③-B-3

京都市下京区船頭町184
(下京区西木屋町通四条下ル船頭町184)
☎075-351-4042
URL　http://www.francois1934.com
営業時間　10:00〜23:00(LOはサンドイッチ・トースト類22:00、ドリンク・ケーキ22:40)
休み　12月31日、1月1日、夏季休暇(時期不定で2日)
アクセス　阪急「河原町」から徒歩約2分、京阪「祇園四条」から徒歩約5分、バスは「四条河原町」など
●珈琲、紅茶各¥550、カフェ・オ・レ¥700、ケーキは¥400〜、トースト類は¥550〜。クッキーセット¥800、ケーキセット¥900〜。カルバドスやシードルなどのお酒メニューも。

本田味噌本店《ほんだみそほんてん》 —— p.80／map ④-A-1

京都市上京区小島町558(上京区室町通一条上ル)
☎075-441-1131
URL　http://www.honda-miso.co.jp
営業時間　10:00〜18:00
休み　日曜
アクセス　地下鉄烏丸線「今出川」から徒歩約7分、市バス201、203、51系統「烏丸今出川」から徒歩約7分
●十数種類そろう味噌の他に、しょうが味噌やちりめん味噌などのあて味噌(各¥525)もある。即席味噌汁の一わんみそ汁はとうふ、油揚げ、なめこの3種(各¥189)。

【ま行】

ミナ ペルホネン —— p.120／map ③-B-3
minä perhonen (1F)
minä perhonen arkistot (3F)
minä perhonen galleria (3F)
minä perhonen piece, (4F)

京都市下京区市之町251-2 寿ビルデイング1、3、4階
(下京区河原町通四条下ル市之町251-2 寿ビルデイング)
☎075-353-8990(1F)
URL http://www.mina-perhonen.jp/
営業時間 12:00〜20:00(3F・4F〜19:00)
休み 1F:無休、3F:木曜、4F:月曜
アクセス 阪急「河原町」から徒歩約5分、京阪線「祇園四条」から徒歩約5分、バスは「四条河原町」など

美山荘《みやまそう》 —— p.132／map ①-A-2

京都市左京区花脊原地町大悲山375
☎075-746-0231
URL http://miyamasou.jp
部屋数 7室(1泊2食付き1名¥45000〜 税サ別)
アクセス 地下鉄「北大路」もしくは京阪「出町柳」から京都バス32系統「広河原行」で約1時間40分、「大悲山口」から徒歩約15分(バスは日に3〜4本の運行)
◉バス停「大悲山口」への送迎あり(予約時に要問合せ)

【や行】

八坂神社《やさかじんじゃ》 —— p.9／map ③-B-4

京都市東山区祇園町北側625
☎075-561-6155
拝観時間 自由
社務所受付時間 9:00〜16:00
拝観料 なし
アクセス 京阪「祇園四条」から徒歩約5分、阪急「河原町」から徒歩約8分、バスは「祇園」など

【ら行】

RISTORANTE《リストランテ》 DEI《デイ》 CACCIATORI《カッチャトーリ》

—— p.128／map ③-B-3
京都市東山区常盤町158-2
(東山区大和大路四条上ル常盤町158-2)
☎075-551-7457
URL http://cacciatori.ciao.jp
営業時間 18:00〜24:00(LO21:00)、金曜、土曜、日曜のみ11:30〜15:00(LO13:00)も営業
休み 月曜(祝日の場合営業)
アクセス 京阪「祇園四条」から徒歩約3分、バスは「京阪四条前」など
◉ランチ、ディナーともにコース料理のみ。ランチは¥4000、ディナーは¥6000、¥9000の2種。

レストラン菊水《きくすい》 —— p.160／map ③-B-3

京都市東山区川端町187(東山区四条大橋東詰南座向い)
☎075-561-1001
URL http://www.restaurant-kikusui.com
営業時間 10:00〜22:00(LO21:30)
休み 無休
アクセス 京阪「祇園四条」すぐ、阪急「河原町」から徒歩約2分、バスは「四条京阪前」など
◉ビアガーデンの開催はGW明けから9月中ごろまで(要確認)。予約で満席のことが多いので、早めの予約がおすすめ。お酒は生ビール(ドラフト、黒生、ハーフ&ハーフ)、日本酒、各種サワー、ワインなど。食事も付いたセットメニュー多数。雨天の場合テント下、もしくは宴会場で。

蓮華寺《れんげじ》 —— p.42／map ②-A-2

京都市左京区上高野八幡町1
☎075-781-3494
拝観時間 9:00〜17:00
休み 8月24日午前中
拝観料 大人(高校生以上) ¥400
アクセス 叡山電鉄「三宅八幡」から徒歩約10分、京都バス16、17、18系統「上橋」から徒歩約1分

【わ行】

若宮八幡宮《わかみやはちまんぐう》 —— p.23／map ⑤-A-2

東山区五条橋東5丁目480
☎075-561-1261
拝観時間 自由
拝観料 なし
アクセス 京阪「清水五条」から徒歩約6分、市バス80、100、202、206、207系統「五条坂」から徒歩約1分
◉陶器まつりは毎年8月7日〜10日に開催。五条坂一帯に出店がでる。

伊藤まさこ

1970年、神奈川県横浜市生まれ。文化服装学院でデザインと洋裁を学んだ後、料理や雑貨など暮らしまわりのスタイリストとして料理本や雑誌で活躍。作ることを楽しみ、手間を惜しまない、センスのいい丁寧な暮らしぶりが多くの女性たちの共感を呼び、最近は料理や旅の本の執筆、食器や雑貨の企画開発に携わるなど、活動の幅を広げている。おいしいものが大好きな食いしん坊。『京都てくてくはんなり散歩』『東京てくてくすたこら散歩』『信州てくてくおいしいもの探訪』（以上、文藝春秋）、『ザ・まさこスタイル』（マガジンハウス）、『伊藤まさこの食材えらび』（PHP研究所）、『台所のニホヘト』（新潮社）など、著書多数。

本書は、CREA WEB（2012年8月〜2013年10月）の連載に追加取材のうえ、大幅に加筆・修正しました。

ブックデザイン —— 渡部浩美
写真 —————— 杉山秀樹
地図 —————— 尾黒ケンジ

京都《きょうと》てくてく ちょっと大人《おとな》の はんなり散歩《さんぽ》

2013年11月15日　第1刷発行
2013年12月15日　第2刷発行

著　者　伊藤《いとう》まさこ
発行者　藤田淑子
発行所　株式会社　文藝春秋
〒102-8008　東京都千代田区紀尾井町3-23
電話（03）3265-1211
印刷所　光邦
製本所　大口製本

ISBN 978-4-16-376730-7